En couverture :

Théâtre masqué originaire de la Province
de Kyong-Ki (Corée).
(Extrait de *The Collection of Korean Folklore Pictures* published by The Asian & Paci-
fic Cultural Association of Korea, Seoul,
1973).

LITTÉRATURE ORALE

**Birmanie, Corée, Japon
Mongolie, Nouvelle-Calédonie**

LACITO - documents

ASIE-AUSTRONÉSIE

2

Maurice COYAUD
Denise BERNOT
Avec la collaboration de Jin-Mieung LI

LITTÉRATURE ORALE

Birmanie, Corée, Japon
Mongolie, Nouvelle-Calédonie

SELAF
5, rue de Marseille
75010 Paris

1979

ISBN N° 2.85297.075.9

© SELAF-PARIS 4ème trimestre 1979

Publié avec le concours du
du LP 3.121 du CNRS
Laboratoire de Langues et Civilisations
à Tradition Orale

LITTÉRATURE ORALE

Birmanie, Corée, Japon
Mongolie, Nouvelle-Calédonie

SOMMAIRE

CONTES KANAK

(nord de la Nouvelle-Calédonie)

1. Le voyage des deux milliardaires   (résumé et mot-à-mot): yuang
2. Le chef de Puébo va chez le chef de Koumac (mot-à-mot et traduction): id.
3. L'origine des Kanak : yuang
4. L'hirondelle et la buse: yuang
5. Croyances anciennes : nigoumac
6. Bodanu, Pwêmanu, le lézard et le bénitier : nigoumac
7. Le lézard et le bénitier : bwato
8. Le veau marin et la vache marine : bwato
9. Histoire pour tous les oiseaux en Nouvelle-Calédonie : nyalayu

Les quatre premiers contes ont été enregistrés en yuang, à Bondé.
Les contes 5 et 6 ont été enregistrés en langue nigoumac, parlée près de
Koumac. Le conte 9 a été enregistré, également à Koumac, mais en langue
nyalayu, parlée au nord de Koumac.

yuang, nigoumac, et nyalayu appartiennent au groupe de l'extrème-nord.
Les contes 7 et 8 ont été enregistrés à Gatop, près de Voh, par un informateur
parlant le bwato, langue de l'île de Konyèn, parlée encore à Oundjo et à
Bako, près de Koné (groupe des langues du nord).

1. LE VOYAGE DES DEUX MILLIARDAIRES
(conte yuang)

Ce conte est le seul du corpus de douze contes recueillis à Bondé en 1975,où une influence occidentale soit perceptible: lieux,techniques,thèmes,mots ,sont empruntés.Il s'agit davantage d'un petit roman que d'un conte traditionnel.L'usage constant des pronoms rend difficile l'identification des personnages.Faute de pouvoir donner une traduction précise sur tous les points,je propose, en attendant,un résumé détaillé,qui permettra de comprendre le mot-à-mot.Les majuscules S et Z symbolisent les chuintantes sourde et voisée; è est e ouvert ;l'accent circonflexe indique une voyelle nasale.

Emprunts lexicaux: I. Zan , djaj/djaèk (ou dZaèk); 4: dŏ miljar; I6.lamba "là-bas"; I3. ê pwiwi "un" pwiwi; II6.la mu "la" fleur; 39. malheureux; 42. liŏ "lion"; 49. mouchoir; 52. Sardê "jardin"; 59. le marché; 75. pwapije "papier"; 79. kurije "courrier :bateau"; 8I.matŏlo "matelot"; 84.angele "anglais" 85.pɔr "port"; 86.guvèrnor "gouverneur"; 90. mblese "blessé"; IOI.kavitèn "capitaine"; IO7.mbarik "barrique";II4.magaĴê "magasin".

Dans les 11 autres contes recueillis à Bondé en 1975,les seuls emprunts au français étaient nɔ "nord", et ndemon "démon".

LES DEUX MILLIARDAIRES
(résumé)

I. (I-24)La mère de Jean et de Jacques meurt,laissant à Jean l'aîné,
un héritage de deux milliards .Les frères partent en voyage dans la
chaîne centrale,trouvent des notou;Jean en étrangle un.Ils le déplu-
ment.Jacques mange le coeur,Jean le corps.

II. (25-40)Ils reprennent la route,marchant nuit et jour.Ils ont
soif.Jean boit.Un poisson monte dans sa bouche.Il vomit le poisson.
(L'autre)dit: "Attention!ne tue pas ce poisson!Il est malheureux comme nous!" Ils le laissent,repartent.

III. (40-5I)Ils arrivent au bord de la mer,entendent un lion rugir,
restent debout.Le lion entraîne Jean en larmes.Jacques le suit,trouve
son mouchoir,et dedans:les deux milliards.Il les ramasse et s'en va.

IV. (52-57)Il rencontre un jardinier,qui lui demande de collaborer
au jardinage.Les années passent.

V. (58-76)Un jour,Jacques va au marché,laissant l'autochtone à la
maison.Celui-ci fouille la taie d'oreiller de Jacques,s'empare des
deux milliards.Jacques revient du marché,s'aperçoit du larcin,accuse
l'autochtone,qui avoue.La dissension se règle par la signature d'un
papier.

VI. (77-99)Un jour,ils prennent un long courrier,vont en Angleterre.
Concours pour épouser la fille du gouverneur : celui qui parviendra à
s'asseoir sur le dos d'un certain cheval sans se faire casser le cou
aura la fille.Jacques accepte le défi,gagne la fille et un bouquet de
fleurs anglaises.

VII. (I00-II4)Ils repartent en bateau.Le capitaine voit un poisson,
appelle Jacques pour le lui montrer,le pousse à l'eau.Les autres lui
jettent une barrique.Il y grimpe,accoste à une île,est accueilli par
une vieille femme,jardine des fleurs,va les vendre chaque matin au
magasin.

VIII. (II5-I26)Il semble que Jacques récupère sa femme (sans la recon -
naître : passage obscur).

Conté par Léon Pumwan, 60 ans
Bondé, septembre 1975

MOT-A-MOT

Le voyage des milliardaires

I.igŏnj Zâ ma djaj   2. li ju   kolo nje ŏ   li
/Jean /et/Jacques// ils/vivent/près de/la/mère/ leur//

3.ju ju ju mê mwê   nje ŏ   li 4. i pe   nje mwêni
  vivent.../se/meurt/la/mère/leur// il /reçoit   /l'/argent oc-
                                                  cidental/

a dŏ miljar 5. na   i Zâ Zâ dje wa 6. ju   amalièw
deux/milliards//donner/il/Jean/ l'/aîné//vivent/les deux/

ju ju / 7. novu i tèn   ga   pogè i kobwi ju na mi
vivent//quand /il/ jour/   /un/il/dit :"/bon/ que/venir/

a   temeno 8. mi kila   ga êgu wu ni ju kolo
partir/promener//venir/chercher/ /gens/ pour/   rester/près/

la 9. li u   a   IO. novuèga li a   dje li a
eux// ils/passé/partir//alors/   ils/partent/les/ils/partent/

bwa cievazi   II. kija êgu . I2. li a a a li ta
sur/chaîne centrale// pas de/gens// ils/partent/ils/arrivent/

ni dje na   ngɔɔn ga pogè . I3. li tuo   ê pwiwi
à/ le/   /endroit   /un//   ils/trouvent/ ʊn /notou//
          milieu/

14.amaliŝ pwiwi la tabwa la 15. tè indo gè 16. i
les deux/notou/ils /assis/ils// rangés/ligne/une// il

kobwi go Zâ kobwi pwiwi èna lamba. 17. jo na i
dit/agent/Jean/dit:" / notou/ il /là-bas// bon/que/il/

pe dje na age .18. aj ŝ Zâ ra pe nje age nani
prendre/ce/ /un/ exclam./Jean/ /prend/le/ un/ dans/

pŏvenɔm /. 19. i biri nɔɔ - n 20. lièw tangi ŏgin
milieu// il/étrangle/cou/son// les deux/déplument/fini//

21.lièw taabo . 22 u a djaèk nje pwèaj
les deux/partagent// mange/part/Jacques / le/ coeur//

23. novu la ŝguun dje ovo ŝ Zâ 24. èna dje li
alors/ il /corps/ le/mange/ il /Jean// voilà/les/ ils/

ra ogè temeno 25. li tu mwŝnu ni dèn
/ensemble?/marchent// ils/font/ mois/ sur/ route//

26. a o tɔn go tèn 27. a li ta ni djena
vont/ nuit /et/jour// vont/ils/arrivent/à/ le

ngɔɔn ga pogè // 28. aj n ŝ vu ki ɖo 29.i kobwi
endroit/ /un/ envie/ sɔn /il/envie/boire// il/dit/

nu ki do 30.i kobwi mi ɓdu ènɓ ni kuun nje
je/boire// il/dit/ venir/descendre/là/ au/fond/(de)la

kewang wu mi kila we 3I. li ɓdu tuooli
vallée/pour/venir/chercher/eau// ils/descendent/trouvent/

ni we ga mɔɔl . 32. ki do wa ɓ Zâ 33.ki do
à/eau/ creux// boit/aîné/il/Jean // boit

ki do novuɓga i ki do age i adaa mi ni poga no
boit/quand/ il/boit/voici/il/monte/vient/dans /un/poisson/

ga ada ni pwa- n 34. i ra poje tevao 35.i ra
/monte/dans/bouche/sa// il/ /vomit/rejette// il/

ɔgè udu wi kindo i mava we 36.novu na i
/descend/pour/ boire/ il/morceau,peu/eau// alors/ /il/

ki do dje i ra gè adaa mi nje poga no wi uda
boit/ce/ il/ /monte/vient/ce/ un/poisson/pour/monter/

ni pwa-n 37. i kobwi ngele nje no wa age èna
dans/bouche/sa//il/dot/ il y a/ ce/poisson/ /un/voici/

ni nje we 38. i kobwi ngele nje no jo na
dans/cette/eau// il / dit/il y a/ ce /poisson/bon/ que/

mi   baani   wu   wo   39. i kobwi nõli   na   ju baani
venir/tuer/pour/manger//   il/dit:"/attention!/que/bon/tuer/

mê   malõrõ   wa   mêi   //40. li   ra kè   idji
  malheureux/comme/nous//   ils /   /laissent/ le //

      4I.   a   mwê   a   a li ta   du   mwê ni
      partent/   se/partent/ils/arrivent/descendent/se/sur/

koli we   a   //42. li tɔne   i liõ   i awɔl   da   mi
bord/mer/aller//ils/entendent/il/lion/il/rugit/monte/vient/

43. a   da   mi novu amalièw dje li ra   kubulu
part/monte/vient/ alors/les deux/ces/ils/   /debout ensemble

44.mi   kubulu novu na i wuji   dje i   peve wuji
venir/debout/ quand/ que/il/dévore/ ce/il /ensemble /mange/

45. a   da   mi ê liõ   ova   da   mi kolo li i
part/monte/vient/ il/lion/part/monte/vient/près d'/eux/il/

cuul   ê liõ   wu   Zâ 46.novu ê dje i ra bala koɔl
bondit/il/lion/manger/Jean//alors/ il/ce/ il/ /reste/debout

47.djo ra o ngi mwê ê 48.pe ule   du èna i
  ce/   pleure/se/ il//prend/suit/descend/ là où/ il/

tiwi   du   li   zâ   go   ê liô   49. ovadu   i
traîner/descendre/il/Jean/agent/il/lion// arrive en bas/il/

tuoli dje muSuar 50. jule dje dŏ miljar   5I. i ra ivi
trouve/le/mouchoir// dedans/les/deux/milliards//il/   ramasse/

go   ao   52. èda   mwê   dje tuooli nje êgu ga a
agent/l'autre// monte/retourne / ce /trouve /le/homme/

tu Sardê 53. ju   mwa u li   54. èna   cu   a   mi
fait/jardin// restent/ensemble/ils //voilà/ tu/pars/viens/
                                      passé

nava 55. age i pwewe ena i taavu   êmi nale
d'où?//   /il/raconte/   /il/commence/venir /là//

56.i kobwi na ju   ju   kolo-nj   wu mi   tu Sardê
   il/dit:"/que/reste/reste/chez/moi /pour/venir/faire/jardin//

57.ajvo   kɔ   ajvo   mwanu 58.kɔ   ôge i kobwi
beaucoup/années/beaucoup/mois//   année/une/ il/ dit

ê   êgu a urevenu 59. novu menɔn dje co ae ni marSe
il/homme/autochtone//   si /demain/ce/ tu/ vas/ au/ marché/

na ge nu da   teju   60. u da   a   ao wi
/je/monte/reste ici//passé/monter/partir/l'autre/pour/
                                                    il

ae   ni marSe wi iju   6I. a   da wi poji   ni
aller/au/marché/pour/acheter//aller/monter/pour/fouiller/dans

bwannèn   62. i tuoli i dʊ miljar   nale 63. pe
taie d'oreiller// il/trouve/il/deux/milliards/dedans//prend/

mwễ go   ễ nèdu mwễ ni keèn   64. pe mwễ go ễ ra
se/agent/il/met/se/dans/panier   /prend/se/agent/il/
                 porte-feuille

ju   mwễ   65. i taami nani   marSe a da mwễ wi nễli
reste/maison//   il/arrive/du/ marché/ va/monte/se/pour/voir/

dje bwanèn   66. i ra ine   kobwi i pe ogo ễ
la/taie d'oreiller// il/   /comprend/dit/il/pris/par/lui//
                                               agent

67.i ra ju   mwễ ễ 68. wi tɔne   kobwi i kobwi ogo
   il/   /reste/maison/il//   pour/entend/dire/il/dit/agent/

ễ   69. i ra ju   kawi tɔne   kobwi i kobwi ogo ễ
lui//   il/   /reste/neg./entendre/dire/il/dit/agent/lui//

70.i kobwi go   ễ ni djena tèn ga ễge kobwi ễna kawu
   il/dit/agent/ il/à/ ce/ jour/   /un/dit/eh!toi/neg./

ju   kobwi 7I.dje mwễni ga kawu ju   pe   72.i kobwi
rester/dit// cet/argent/ /neg./rester/pris//   il/dit/

aj nu pe 73. kobwi èlo 74.cu ra ngu pe agè
si!/je/ai pris// dit/d'accord!// tu/ /as pris/mais/

iju le dje pwawa 75. djena mwani dje tu pwapije
acheter/ /ce/pas moyen// cet/ argent/ce/faire/papier/

le 76.djo ju ma uli 77.novu djena tèn ga pogè
// /restent/et/les deux//alors/ce/ jour/ /un//

78.i kobwi go ê kobwi nu ru pè ga wodjɔ -i
il/dit/agent/ il/ dit:"/je/futur/prends/ /bateau/notre//

79.wodjɔ -i wi mi ru paa njama ni 80. li pe
bateau/notre/pour/ venir/futur/faire/travail/ //ils/prennent

mwê i kurije ga angaj 8I.li uvi nje kurije uvi
se/ils/courrier/ /grand// ils/payent/ce/courrier/payent/
           paquebot

matelo 82.li uvi pilɔt li uvi djun 83.la tawu
matelots//ils/payent/pilote/ils/payent/tout// ils/commencent/

êdu bwa we wu la temeno 84.temeno temeno la
descendre/sur/eau/pour/ils/marcher// marchent/ /ils/

cuada ni dao angele 85.la cuada ni dje pɔr wa angele
accostent/à/île/anglais// ils/accostent/à/ce/port/pour /anglais/

86. angele dje tuɔmwê poj guvèrnɔr   87. pe   aga êgu   le
anglais/ce/femme/ fille/gouverneur//   prendre/envie/gens/   //

88.ngele djena cɔval ga   pwawa   na   la tabwa   bwa
il y a/ ce / cheval/tel que/pas moyen/ que/ils/s'asseoir/sur/

-n na êgu 89. a da   êgu wu la tabwa bwa- n
lui/   /gens//vont /montent/gens/pour/ils/s'asseoir/sur/lui/

dje ngele la a   i pɔle nô la 90. mblese   na   bwa-n
ce/il y a/ils/vont/ils/cassent/cou/leur//blessent/   /têete/leur/

9I.la a   da   a ma la matelo age novu amalièw dje
ils/vont/montent/vont/ₑt/iȴ/matelot / un/alors/les deux/ces/

li ra ju bwa wodj   92. i kobwi go   ê êna djaèk
ils/   /restent/sur/bateau// il/ dit/agent/ il/eh!toi!/Jacques/

kobwi dZaga-   m na ju   tabwa bwa djena cɔval 93.i kobwi
dit:"/capacité/ta/ que/rester/assis/ sur/ ce /cheval//il/dit/

go ê kobwi aj   94. age i kobwi dZaga- m 95.a   da
agent/il/dit:"/non!// mais/ il/dit:"/capacité/ta// va/monte/

li   li ovada   i kabagɔɔl   ê djaèk
ils/ils/arrivent/ il/va droit vers/il/Jacques//

20

96.nowi cuada   u   tabwa   dje cɔval 97. nowu dje cɔval
alors/ il/monta/passé/s'assit(sur)/ce/cheval//alors/ce/cheval/

dje kawi boke   98.la pe   mwê dje pɔj guvèrnɔr   ra
ce/neg./renverser//ils/prirent/se/ cette/fille/gouverneur/   /

na   jin   99.novuêga i a dje   pɔj guvèrnɔr kaj
donnèrent/à lui//alors/ elle/va/cette/fille/gouverneor/ avec/

li   dje i kape lê muci   angele 100.temeno mwala
les deux/ces/elle/emporte/le/bouquet/anglais// marcher/ es autres

ngɔ   we   a   na   èna poge li 101. no-du ê kavitèn
milieu/mer/vont/ à/ là/ un/ils//regarde/en bas /il/capitaine/

ra nôli nje no   102. a a kɔlo ê a wodjɔ li dje
/voit/ce/poisson//va va /près/   il/va/bateau/leur/ce/

wodj 103.novuèga i nôli dje no age u   tɔma   ao
bateau// alors/ il/voit/ce/poisson/ alors/passé/appela /l'autre/

104.a   mi   wu ju nôli nje no   105. tjèdami   ê
vont/viennent/pour/ils/voient/ce/poisson//   accourt/il//

106.novuèga i no   du ê age   i tatija dje zani we
quand/il/regarde/en bas/il/alors/il/pousse/ce/dans/eau//

107.novu ao   dje i tè-pavange djena mbarik 108.i kobwi aj
alors/l'autre/ɷe/il/ prépare/   cette/barrique//il/dit/ah!

djaèk kobwi panua dumi   djew   mbarik 109.meve
Jacques/dit/laisse/descendre-venir/la/barrique//deux ensemble/

u   da   mwê le u li 110. a   da mwê uli cuada
passé/monter/se/dedans/ils// aller/monter/se/ ils/accostent/

ni djena dao poge 111. li ju mwê kolo   djena tɔjmwê
à/cette/île/ une// ils/restent/se/ auprès/cette/vieille//

112.ju   mwê uli tu kê   muu 113. li ku   ae i
restent/se/ils/faire/jardin/fleurs// ils/toujours/aller/ils/

ju   ni djena magaǰê 114. li ku   ae iju ôwang
restent/à/ce/magasin//   ils/toujours/vont/vendre/matin/

ôwang 115.taamwê dje tuɔmwa   116.takɔɔl ni dje pɔr
matin//   arrive/ la/femme   // accoste/à/ le/port/

a   da   mwê i tuɔmwa ra ine la mu 117. ae odje wi
va/monter/se/elle/femme/ /sait/la/fleur//   va/ elle/pour/

pe   la mu 118.novuèga i pe la mu age i ngi
prendre/la/fleur// quand/elle/prend/la/fleur/et/elle/pleure//

II9.novu a djaèk dje ine   kobwi mÔu- n ao   I20.a mwê ê
    alors/va/Jacques/ce/reconnait/dit/femme/sa/autre//   va/se/il/

kobwi ae djaèk kobwi I2I.ju   na ju   ae   pe   dje tuɔmwa
dit/va/Jacques/dit:"//   il faut/que/faut/aller/prendre/la/femme/

ma nge   èmba I22.i kobwi go ê kobwi aj   maale
car/ est/en bas//il/dit/agent/il/dit:"/non!ɾce n'est pas elle//

I23.i kobwi aj i dji ju   na ju karibin   I24. a mwê ê
    il/dit/ non/ il/ il faut/que/faut/va vite//   va/ se / il/

ova   tuoli dje tuɔma   I25. pe   mwê mi   uli   ra
jusqu'à/trouver/la/femme//   (il) prend/ se/ vient/ ils/   /

ju   I26. aboe   dje wara -n ga i ova   ɑo
restent//   attendre/le/moment/son/   /il/jusqu'à/l'autre//

2. HISTOIRE DU CHEF DE PUÉBO ET DU CHEF DE KOUMAC
(conte yuang)

1. twijina tɛma pueo /2. i nami wi êdu   kuma ,wi êdu   nôli a tɛma
il y avait chef Puébo/ il penser pour descendre Koumac,pour ...voir le chef

kuma/3. i êdu-ta-du ni dɛn   /4. i tuoli   jena we/ 5. ae kwolle jena
Koumac/il arriver   à chemin/   il trouver art. eau/ il   pousser le

wawe/ 6. i va la ni jo wawe/ 7.i kobwi nyo   yu na wawe/ 8. u- nyo
sapin/ il parler au   le sapin/ il dire plier toi le sapin/   parf.plier

jɛw wawe/9. ta u-   nala je ji   /IO. u-   a   la kuma/11. i ta-du
le sapin/ c'est parf. mettre le lacet/parf. partir à Koumac/ il arrive

kuma/12. i tuoli je tɛma kuma/ 13.i na   la ulomɛn i tɛma/14. i toma
Koumac/ il trouver le chef Koumac/ il donne lui cadeau le chef/ il appeler

kavo/ 15.wi nain la   ulomɛn   tɛma pueo/16. i kobwi la je ga tabwa na anna
reine/ pour donner lui cadeau chef Puébo/ il dire   lui eh! asseoir ici

I7. i ga   puyol la kavo /18.la ouvo   ôgin la mani /19. novu egawa i
elle alors cuisine la reine/ ils manger finir ils dormir/ dès le matin il

kobwi ku tɛma pueo 20.i kobwi nu ru kala damwa pueo/ 21.i kobwi ku tɛma kuma/
dire le chef Puébo/ il dire je veux partir à Puébo/   il dire agent chef K.

22. laije kobwi we ga tabwa ma la ga puyol/23.la u-   ôgena ovo la u-
attendre dire alors asseoir car elles cuisiner/ils parf. finir manger ils parf.

pavan pu la a   /24. la u-   tadami ni dɛn/ ·25. i kobwi ku tɛma
préparer pour ils partir/ils parf. arriver sur route/   il dire agent chef

pueo kobwi avo nu kido /26. kebwan na yu kido na ma mwaga we
Puébo :" envie ma boire/   il ne faut pas toi boire cela car mauvaise eau

na   na / 27. ami wu   yu kido   nada   ma gele jena we /
celle-ci/ viens pour toi boire plus haut car il y a cette eau

28.ka nu   kido le konobwon/29. ga   nu du   mi   /30. la u-ovanda
c'est moi boire cela   hier /   quand je descendre venir/ ils arriver

kolo je we/31.i kobwi ku tɛma pueo kobwi eje je we a nu kido le konobwon/
près cette eau/il dire agent chef P. :" voici cette eau que je bus elle hier

32. i u-   du   wi kido novu ga i u- du ja i tii   bwa-n ni ja
il parf. descendre pour boire alors il baisser alors il entrer tête-sa dans

ji/33.   i kobwi ku   tɛma pueo kobwi ibil   yu na wawe/34. na we
lacet/ il dire agent chef Puébo :"   redresse-toi le sapin/   quand

noda   kavo i noli lia pu   ko   polo /35. ka i pao   ma
regarde-en haut reine elle voit les plumes poulet blanc/ qui ils agités

ku`dɛɛn na bwa kumê jɛw wawe/ 36. êna u- gi kavo/ 37. i kobwi
agent vent sur tête cime ce sapin/   alors parf.pleurer reine/ il dit

ku tɛma pueo kobwi â-da ɛna , ma môwu-ny ni i dyu /38. age powa
agent chef P. :" monte ici car épouse-ma c'est toi /   pas moyen

ma ira gi / 39. le   u-   a   /40. li   ovanda pueo/ 41.i
que car pleurer/ les deux parf. partir/   les deux arriver Puébo/ il

taivi la ɛgu   ije kɛn ma ni kibwu- n /42.wi kobwi lai la
rassembler les gens il pères et les aïeux -ses / pour dire à eux

kobwi nu taivi a wu nu kobwi zaya kobwi ka wa kila   ga môwu-ny/
:" je rassembler pour je dire   :" négation chercher épouse-ma

43. age âgana je môwu-ny nye da tuoli/ 44. i pa- nuwa za hila
eh bien maintenant cette épouse-ma   trouvée/ il autorise   ils

je ton pu la tyee/ 45. kage nowu tɛma kuma dɛ tageje bwa jɛw
la nuit pour ils danser/ tandisque alors chef Koumac   toujours sur ce

kume wawe/ 46. i ami jɛw nɛn puny /47. i pe kura tɛma /
cime sapin/ elle vient la mouche verte/ elle prend sang chef

48. wi pe   kolo jena wama ka   yala-n   ni mwɛn   /49. ka i ayu
pour porter chez ce   vieux qui nom-son la chouette/   qui il habite

ni nni /50. i pa-   nua   je kura tɛma la bwa   ko mwɛn/ 51.
sur roc/ elle laisse tomber ce sang hef   sur pied chouette/

i noli kua wama je kura/ 52. ta i kobwi wou i mmê tɛma ni kuma/
elle voir la vieille ce sang/   alors elle dit oh! il mort chef de Koumac/

53. i kini   lina kui   ga waru jom wi pe-mi   kolo tɛma/ 54. i
elle griller deux ignames et deux ignames pour apporter chez chef / elle

ule   je ku nɛn wuli a   nô tɛma/ 55. li ta i ni jɛw puewe tai
conduit cette mouche pour aller voir chef/ les deux arriver là source arriver

kênog nali ku nɛn tai ada   ni pwa na wi no- da   /56. kain age
tourner là agent mouche arriver en haut sur pour regarder.monter/ ensuite

i noli liɛw pu ko   polo na-ni kumê jɛw wawe /57. i kobwi
elle voir deux plumes poulet blanches sur cime ce sapin/ elle dit

ku mwɛn   kobwi niɛw yu na wawe / 58. u-   niɛw je wawe/ 59. i
agent chouette :" baisse-toi le sapin/ parfait baisser le sapin/ (chef)il

pe liɛw kui   wi na ni pwa-n   /60. i tau   nyama
prend les deux ignames pour mettre dans bouche-sa/il commencer remuer

pu- me -n   /61. u-   va   /62. i paja   iji   kobwi cu ka
poils yeux ses /   parfait parler/ elle demander à lui   :" toi comment?

63.age i kobwi i co   tuwâ na   iji ku   tɛma pueo/ 64.i kobwi
alors il dit il jouer un tour à lui agent chef Puébo/ elle dit

iji kobwi kaale ga balan ni kio-m /65. age tabwa êna ma   nu
à lui :" laisser   moitié dans ventre-ton/ alors asseoir ici car je

ga aduma   ni kuma wu nu kila kêi ma ni kibwin wu   ma ada
redescendre à Koumac pour je chercher sujets et les vieux pour remonter

kila kavo /66. la u- ada ami kolo tɛma/ 67. la u- da pueo
chercher reine/ ils parf. monter venir chez chef /ils   parf. monter Puébo

pu la kila kavo/ 68. la u- ovada kyewop /69. la tone du ga
pour ils chercher reine/ ils parf. arriver Kyewop/ ils entendre d'en bas

êgu ga la tiya / 70. la du la ovada ɛboli ni tiya/71.la
gens qui ils danser/ ils descendre ils arriver en bas à danse /ils

kol la pe- kobwi nali kobwi ma kol novu agana nala kobwi edu
debout ils discuter là ils dire et debout maintenant ils dire descendre

ga ênô na aru wu li wal /72. ja edu ga êbaa ênô wu li
jeunes qui deux pour ils chanter/ ils descendre un de nous jeune pour ils

wal/ 73. age li kape lina bwe dal /74. li kabe liɛw bwe
chanter/ alors ils apporter deux bouts bourao/ ils planter deux bouts

dal/ 75. jo liɛw wal /.../76. i tone ku kavo la paga wal/77.tai
bourao/ et ils chanter/ elle entendre agent reine les paroles chant/elle

kobwi ga tɛma kuma na / 78. i kobwi la kolo tɛma pueo kobwi avo-nu
dire chef Koumac ici / elle dire auprès chef Puébo :" envie-ma

êdu noli tiya /79. i kobwi la ji kobwi êdu wo /80. kage novu amaliɛw
descendre voir danse/ il dire à elle :" descends!"/ pendant les deux

li wal je lira wal /81. age novu amaliɛw êgu ni tɛma ni kuma
ils chanter ces deux chant/ pendant les deux gens du chef de Koumac

layu ni tiya / 82. novuêga u- pwara tɛn jelaw pe kavo pu
participer à danse/ pendant parf./faire jour / jour ils prendre reine pour

law a duma ni kuma /83. kagenovu amaliɛw bwe dal je lira wal
ils partir descendre à Koumac/ pendant les deux bouts bourao ce ils chanter

-mwa /84.i noli ku tɛma pueo kobwi koe kavo /85.ta i kobwi
réfléchi/ il regarde agent chef Puébo dit "pas là" reine/ alors il dit

ma a kila kavo ma i kae je ku tɛma ni kuma/86. agenovu tɛma ni
que partir chercher reine qui ravie elle par chef de Koumac/ pendant chef de

kuma je i ra ole kavo duma   ni kuma / ogin
Koumac ce il prog. conduire reine en bas à Koumac/fin

Texte enregistré à Bondé en août 1975.Narrateur:Paul Dangigny.
<u>Notes</u> . <u>ga</u> est un mot de liaison, qui peut se traduire par "alors" ou par un
relatif: i ga puyol la kavo *"alors la reine fait la cuisine" (17)*

        la ga puyol   *"et elles de cuisiner"*   *(22)*

        êgu ga la tiya   *"hommes qui dansaient"*   *(69)*

<u>ga</u> se présente souvent comme une variante de <u>ka</u> "c'est, relatif":

        wama ka yala-n ni mwɛn *""vieux qui s'appelle la chouette" (48)*

        ka i ayu ni nni   *"qui habite sur le rocher" (49)*

<u>ku</u> marque l'agent : on le traduit parfois par "par" ou on ne le traduit pas:

        i pao ma ku dɛɛn *"elles sont agitées par le vent" (35)*

        i kobwi ku tɛma   *" il dit le chef"*

        i ule je ku nɛn   *"la mouche le conduit" (54)*

        kênog nali ku nɛn *"elle tourne là la mouche" (55)*

<u>u</u> "déjà" indique le parfait.

<u>ru</u> "désir", indique le futur : nu ru a *"je veux partir"*

Esquisse phonologique. Voyelles : i ,e, ɛ ,a, ɔ ,o , u .Les oppositions d' aper-
ture e/ɛ et o/ɔ ont un faible rendement: we *"eau"* / wɛcii *"racine"*;
ko *"jambe, forêt, poulet"* / kɔ *"année"* ; tɛn *"jour"* / tɔn *"nuit"*;
mani *"avec,dormir"* / meni *"oiseau"*;   ; kô *"liane"* /kê *"père"*/ ka *"rel ."*
yare   *"extraire"*/ yari *"médicaments"* ; du *"os"*/ doo *"marmite"*
*Souvent, o varie avec u :*bo,bu *"fumée",* **d**oo,duu *"sagaïe"*; yo,yu *"toi"*.
L'opposition de longueur vocalique est significative: dɛn *"chemin",* dɛɛn *"vent"*;
                         pwal *"pluie"*/ pwaal *"clair"*;
cali *"allumer"*/ calii   *"magnagna"*; cii *"bois"*/ ciii *"pou"*.
Voyelles rares: ö *et* ü :   nöü *"sucré"*; teö *"surgir"*; koleö *"rive"*

Consonnes : p,t,k; b,d,g *(prénasalisées);* m,n,ŋ ;c, j,l,r,y,w(v),h, ny , z.
<u>h</u> n'apparait que dans hɛŋi   *"argent indigène";* <u>v</u> *varie avec* <u>w</u> *(sauf dans* <u>va</u>
"parler"); ð *varie avec* <u>y</u> : ð *de Paimboa correspond à y de Bondé.*
Finales: m , n,ŋ , l, ny : pomo-ny *"chez moi";* pomo-m *"chez toi";*
pomo-n   *"chez lui";* waŋ   *"matin";* cuul *"bondir"*

28

TRADUCTION

Jadis,le chef de Puébo décida de descendre à Koumac,afin de voir le chef de Koumac.En chemin,il trouve une source près de laquelle poussait un sapin. Il parle au sapin:

- Penche-toi, sapin!

Le sapin de se pencher. Il lui applique un lacet à la cime,repart pour Koumac. Arrivé à Koumac,il trouve le chef,lui donne le cadeau coutumier. Le chef de Koumac appelle son épouse,afin de lui donner le cadeau du chef de Puébo.Il dit au chef de Puébo:

- Assieds-toi ici ! la reine va faire la cuisine!

Après avoir mangé,ils dorment.

Le lendemain matin,le chef de Puébo dit:

- Je vais rentrer à Puébo. Le chef de Koumac répond:

- Attends un peu! assieds-toi, car elles font la cuisine.

Le repas une fois terminé, ils se préparent à partir.En chemin,le chef de Puébo dit:

- J'ai soif! toi,ne bois pas ici,car l'eau est mauvaise ici. Viens boire plus haut: il y a une source où j'ai bu quand je suis descendu hier.

Une fois arrivés près de la source,le chef de Puébo dit:

- Voilà l'eau que j'ai bue hier!

Le chef de Koumac se baisse pour boire , le sapin de se pencher, la tête du chef de Koumac d'entrer dans le lacet! Le chef de Puébo dit:

- Redresse-toi,sapin!

La reine lève les yeux en l'air,voit deux plumes de poulet blanches agitées par le vent sur la cime du sapin. Elle pleure,la reine.Le chef de Puébo lui dit:

- Monte ici,car maintenant, tu es ma femme!

Rien à faire, elle pleure. Ils partent.

Une fois arrivés tous deux à Puébo, le chef rassemble tous ses sujets,leur dit:

- Je vous ai réunis pour vous avertir: inutile désormais de me chercher une femme, car voici la femme que je me suis trouvé.

Il leur donne la permission de danser toute la nuit.

De son côté,le chef de Koumac est toujours en haut du sapin. Vient une mouche verte.Elle prend du sang du chef, pour l'apporter à un vieux nommé Chouette, qui habite sur le grand rocher escarpé. Elle laisse tomber des gouttes de sang du chef de Koumac sur le pied de Chouette. Ce vieux voit le sang,dit:

- Hélas! il est mort,le chef de Koumac!

Il fait griller deux ignames kui et deux ignames jon pour les apporter au chef de Koumac. La mouche le conduit,pour aller voir le chef.Une fois arrivés à la source,

la mouche tourne autour. Chouette monte en haut pour regarder, voit deux plumes
blanches de poulet à la cime du sapin. Alors, il dit:

- Baisse-toi, sapin!

Le sapin se baisse.Le chef de Koumac prend les deux ignames dans sa bouche, commence
à remuer les paupières.Chouette parle, lui demande:

- Comment te sens-tu? Le chef de Koumac dit:

- Le chef de Puébo m'a joué un tour!   Chouette lui dit:

- Oublie pour l'instant cette histoire. Assieds-toi ici. Je vais redescendre à
Koumac, pour chercher mes sujets; nous monterons ensemble récupérer la reine.

    Chouette et ses sujets montent chez le chef.Ils partent en montant vers Puébo
pour chercher la reine. Arrivés à Kyewop ,ils entendent la rumeur d'une danse.
Ils descendent vers l'endroit où l'on danse.Debout,ils discutent:

- On va faire descendre deux jeunes pour chanter.

Un des jeunes descend pour chanter.Il apporte deux bâtons de bourao, les plante, et
les deux bâtons se mettent à chanter.C'est un chant dans la langue de Koumac.La reine
entend ce chant.Elle se dit:

- Le chef de Koumac est par ici.

Elle va dire au chef de Puébo:

- Je veux descendre voir la danse.   Il lui dit:

- Eh bien! descends!

    Pendant ce temps, les deux chanteurs chantent le chant, et les gens   du chef
de Koumac participent à la danse. A l'aube,ils prennent avec eux la reine,et redescendent à Koumac. Pendant ce temps,les deux bâtons de bourao continuent à
chanter. Le chef de Puébo regarde, et dit:

- Elle n'est pas là, la reine.   Il ordonne:

- Allez chercher la reine, car elle a été ravie par le chef de Koumac.

    Mais le chef de Koumac a récupéré sa reine, est redescendu à Koumac.Fin.

Narrateur: Paul Dangigny, 40 ans, catéchiste de Bondé; août 1975. Le narrateur a
aidé au mot-à-mot.

3. L'ORIGINE DES CALÉDONIENS (KANAK)
(conte yuang)

L'humanité a fait son apparition sur le mont Kavio,près de Gomen.Il y avait deux magnagna femelles enfouis.Ils sortent de terre,deviennent des humains.Ils s'appellent Kavo(aînée) et Ege(cadette).Elles restent là.Elles font du feu avec deux bouts de bois,par frottement. Elles vont gratter la liane de magnagna pour s'en repaître.Elles grattent le magnagna,frottent les bouts de bois,allument un four. Elles mâchent le magnagna. Un jour,le dieu Ngwa sent l'odeur de feu :

- Des humains ? quoi? pourtant,je suis seul sur cette terre! Qu'est-ce qui se passe ?   Il marche,le Ngwa,le long de la chaîne centrale,arrive au mont Kavio, trouve les deux femmes : - Que faites-vous là ?

- Rien. Nous deux, nous sommes ici chez nous!

- Mais non ! c'est moi l'unique ici! Que faites-vous là?

- Rien! nous deux,on est chez nous ici,sorties de cette terre,de la liane .

- Hein! qu'est ce que cette odeur que j'ai sentie ?

- L'odeur du feu!

- Du feu ? comment avez-vous fait ?

- Par frottement.

- Et pourquoi l'avez-vous fait ?

- Pour allumer le four et nous faire à manger.

- Offrez-moi un morceau, que je goûte. Elles prennent un morceau,le lui font goûter .Il dit :- Délicieux!,sucré! Donnez-m'en,que je l'emporte chez moi,là haut, au col Panon.   Les femmes descendent lui fendre un taro couleur de serpent, le mettent au four,allument le four,pour le faire bien cuire,en remplissent un panier,remontent,et le donnent à Ngwa.Celui-ci dit:- Je vous laisse,je pars.

Il monte,arrive au pays de Webias,avant de monter jusqu'au Panon.- "Je vais prendre un casse-croûte ici, manger et boire" dit-il. Il mange le contenu du panier.Le taro qu'il mange descend dans sa gorge,et le démange.Alors,il vomit:

Tandisqu'il vomit,il est tout étonné : les arbres et les pierres disent ceci:

- Chef démon! (Téendjanu). Alors,toutes les choses se mettent à parler.Tous les humains surgissent,la forêt entière s'emplit de monde.Pas un chef.Ni pères ni mères.C'est inorganisé.Les humains sortent des arbres et des pierres.(...)Ils ne s'entendent pas.Ils se marient n'importe comment,s'unissent dans la promiscuité. Il n'y avait pas de prohibition. A un homme nommé Dindiyavu, le dieu Ngwa dit:

- Je vais engloutir la Nouvelle-Calédonie, je vais inonder les terres.Prépare ton bateau : coupe un bois de houp,coupe et chauffe.Prends une femme,un fils,remplis le bateau de gens.Je vais faire un déluge.

Après le déluge,le temps se calme,le bateau s'échoue.Ils sortent du bateau, s'asseoient.Voyant le beau temps revenu, ils font du feu par frottement,chauffent des herbes pour faire revenir le beau temps. Ils restent ainsi, remplissant la terre d'enfants. Les familles s'organisent. On se marie en respectant l'ordre des générations(la prohibition de l'inceste apparait). On commence à se comprendre.

Mais ils n'avaient pas de chef.Ils restent ainsi. Un jour,ils regardent en bas se coucher le soleil sur le mont Kavio. Ils vont là, se cachant, afin d'attraper le soleil.Ils partent en cachette le matin.Ils couchent dans la montagne, se tapissent pour guetter le soleil. Le soleil vient par dessus eux autres. Vraiment,il est loin ,le soleil.Pas moyen de le toucher. Il faut fabriquer une tour pour l'atteindre. Ils font la tour,y grimpent,grimpent. La voilà bien haute. Si haute,qu'ils ne peuvent plus revenir à terre. Alors,le dieu Kabwa leur attribue des langues. Quand quelqu'un dit à un autre :

- Apporte-moi une pierre! celui-là lui apporte de l'eau!

Les gens partant, se dispersant. Chacun s'en va de son côté. Si des gens parlent la même langue, ils partent ensemble. Les uns s'en vont vers le nord : ils s'appellent les Waap. Les autres s'en vont vers le sud : ils s'appellent les Oop. Fin.

(narré par Léon Pumwan,à Bondé, en août 1975)

4. L'HIRONDELLE ET LA BUSE
(conte yuang)

L'hirondelle et la buse avaient encore vivante leur mère à chacun.Un jour,l'hirondelle va rendre visite à la buse.Celle-ci lui dit:-

- Un jour, j'irai te rendre visite.   L'hirondelle dit:

- D'accord!

Arrive le jour où la buse vient en visite chez l'hirondelle. Celle-ci a préparé des
petits oiseaux,les ayant tués. Elle en a fait deux paquets: un pour la buse, un pour
elle-même. La buse,une fois arrivée devant la maison de l'hirondelle, lance un caillou
avec sa fronde, touche le pilier devant la porte de l'hirondelle.Celle-ci dit:

- Qui a jeté cela?   La buse dit:

- C'est mon caillou!   L'hirondelle dit:

- Viens ici prendre ton repas   ,viens, assieds-toi!

Elle tire la marmite du feu, met un paquet dans chaque assiette. Chaque oiseau
défait son paquet,pour le manger. Ils se frottent les doigts.La buse s'enquiert:

- Eh! hirondelle! c'est de la viande de quoi,cela?   L'hirondelle dit:

- Foutre! c'est le foie de ma maman; oui le foie de ma maman!   La buse:

- Eh toi! comment as-tu pu frapper ta mère?   L'hirondelle:

- Mais elle n'est pas morte,pas morte! Elle est vivante! Je lui donne un coup,
je lui prends son foie, je l'empaquète. Elle travaille toujours, ma mère; elle fait
quelque chose, elle pense à son travail!

La buse dit:

- Bon! (sic) .Les deux commères mangent. La buse dit:

- Je repars; viens me rendre visite.

Les deux oiseaux fixent le jour.

Arrive le jour fixé pour le repas. La buse va chez sa mère.Celle-ci est au travail,
en train de débroussailler une tarodière. Elle apprend le dessein de sa buse de fille
et pleure,disant:

- Toi! tu veux me manger! Elle pleure gnagna . Me manger! gnagna! que veux-tu
faire ? qu'y a-t-il dans le trou de ton coeur?

La fille-buse:

- J'ai envie de manger ton foie!   La mère:

- Mon foie! Mais je suis encore vivante. Tant qu'on a son foie, on est vivant! Si tu
me coupes le ventre pour me prendre mon foie, je meurs!   La fille:

- Mais l'hirondelle l'a fait! chez elle,elle m'en a fait manger! J'ai mangé le foie
de sa mère.Elle m'a dit que c'était le foie de sa mère!   La mère-buse:

- Toi alors! mais je vais en mourir! non non non!   Elle pleure. La fille dit:

- Si! Elle couche sa mère,l'étripaille,extrait son foie,en fait deux paquets,les

cuisine,cuisine...

Arrive midi.L'hirondelle part chez la buse.Elle prend une pierre, la lance, touche le pilier de la case. La buse dit:

- A qui est cette pierre? L'hirondelle dit:

- C'est moi, l'hirondelle. La buse dit:

- D'accord! monte, je te prie, prendre ton repas.

Elle monte,s'asied.La buse sort la marmite,donne à manger à l'hirondelle.Elle défait son paquet,et,de son côté, mange,mange,mange. Elle dit à l'hirondelle:

- Eh bien! défais ton paquet! L'hirondelle répond:

- J'ai déjà trop mangé là-bas. La buse:

- Je prends le foie de ma mère,je mange, je mangerai tout,tout ça,tout le foie de maman. Garde ta part en réserve.Tu la feras recuire. L'hirondelle dit:

- Moi,je mange simplement autre chose. Elle mange les autres mets.

Ayant fini de manger,l'hirondelle dit:

- Eh bien,je pars,je m'en vais. La buse dit:

- D'accord!

L'hirondelle part,arrive là-bas,chez elle,creuse un trou,un tunnel,qui part de la maison pour aboutir à la rive d'un ruisseau,jusqu'à l'eau. La buse reste à la maison jusqu'à la nuit. Le matin,sa mère n'est toujours pas rentrée.La buse se dit:

- Où est maman? Elle va jusqu'à l'endroit où elle avait extirpé le foie de sa mère. Elle trouve sa mère entourée de mouches vertes, qui tournent autour:

- Morte! attends un peu! elle m'a dupée,l'hirondelle! c'est elle! attends un peu!

Elle rentre chez elle,prend sa sagaîe avec son casse-tête. Elle va chercher l'hiron- delle pour lui faire la guerre,pour la tuer. Elle dit:

- Eh toi! attends un peu! tu m'as trompée,l'autre jour! Ah elle m'a trompée,en me di- sant que c'était le foie de sa mère! attends un peu! je vais te bouffer!

Elle bondit, entre dans la maison de l'hirondelle,prend du feu pour incendier la maison. Pendant que la buse allume le feu tout autour de la maison, l'hirondelle court dans son trou,descend par le tunnel jusqu'au ruisseau. Sa maison brûle,brûle.

Mais voici l'hirondelle debout sur le pilier.Elle descend,l'hirondelle,pour prendre de la mousse dans l'eau.Elle ramasse beaucoup de mousse dans l'eau. Elle remon- te, vole jusqu'au pilier,s'y assied. La buse:

- Comment! tu es vivante! comment as-tu fait? L'hirondelle:

- Bigre! tu brûlais ma maison,mais pendant ce temps,je tournais autour,je courais en tournoyant dans la maison.Quand elle a été consumée,je suis montée m'asseoir ici,sur le pilier.

La buse dit:

- Tu vas me faire la même chose ,et vite!

L'hirondelle dit:

- D'accord! pars devant!

La buse part devant,arrive là-bas,chez elle. L'hirondelle part,prend une pierre, la lance sur le pilier. La buse bondit,et entre chez elle. Quand la buse est dedans, l'hirondelle met le feu à la maison,tout autour. Elle brûle,brûle. Tandisque la maison brûle de partout, la fumée tournoie,monte dans son nez. Elle tombe dans le feu, la buse,brûle,brûle. Ses ailes brûlent ,elle tombe dans le feu. Fin.

Narrateur: Léon Pumwan, Bondé, août 1975;mot-à-mot fait avec l'aide de Paul Dangigny,porte-parole du chef Amabili.

5. CROYANCES ANCIENNES
(texte nigoumak)

(...)Nous ignorons le chef du ciel (le dieu chrétien); nous connaissons ce chef (aayo ,ici: dieu) qui vit là-bas,dans la mer salée,là-bas où frappe la houle. Ce dieu a beaucoup d'yeux. Quant à nous, en un homme,il y a trois personnes. La troisième,c'est ce corps avec lequel nous parlons. Quand ce corps est tué,mort,on le mange.

L'esprit,c'est ce qui habite dans le miroir (kêgut "esprit,négatif de la photo). Cette âme du miroir,elle est très bonne. Ce corps se fait tromper.

Il est très difficile d'expliquer la nature du vrai homme. (A la mort),il descend, cet esprit du miroir,il descend à Phwaviyo (lieu sacré des morts,près du rivage), là où habitent les deeva (coquillages pélécypodes).(Les démons) sont assis là,avec leurs casse-têtes.Quand ce deuxième esprit descend,eux,installés sur les buttes, des deux côtés,là,ils lèvent leur casse-   tête,tapent dessus. La deuxième âme s'en va,celle qui est notre ombre au soleil. La troisième s'en va là-bas,à la pointe Wayoot.

Elle prend en passant la cime du k'oyak (le faux manguier Cerbera Odollam), signe que son âme est descendue à Phwaaxuman (Paagoumène). Arrivée là,elle cueille le fruit d'un buvaak (petit pamplemousse),le fait rouler entre ses mains,pas mûr.

Ils descendent en bas dans la caverne du démon,et font rouler la boule mûre. Ils descendent à la barrière,à   Phwaaxuman, là où se trouve le hangar aux machines.La route qui va à la mer. Ils trouvent les hommes d'en bas, avec leur boule rouge. Ils prennent leur boule, la jettent parmi eux. Ils sont étonnés,ceux-là, car leur boule n'est pas mûre.Ils se disent que ce sont des nouveaux. Le regardant en haut,ils leur disent bonjour :
- Toi! quand tu es arrivé? "
- Eh! c'est aujourd'hui!

Ainsi,ils se disent bonjour.

Narrateur: François Pumali, 76 ans; mot-à-mot réalisé avec l'aide du pasteur indigène Willy Whaap; enregistré le 25 septembre 1977 à la tribu de Pagou (Koumac)

6. BODANU, PWÊMANU, LE LÉZARD ET LE BÉNITIER

(texte nigoumak)

1.Bodanu et Pwêmanu avaient édifié leur maison à Kagado.Ils ont tant
de tarodières ! on ne peut pas les compter.Les voilà qui préparent
les gaules à glu pour attraper les oiseaux.Ils y travaillent tout le
jour.Ils travaillent,et un jour,Pwêmanu dit:
- Montons faire les pièges à oiseaux!   Bodanu dit:
- Dormons!   Le lendemain matin,ils montent poser leurs pièges.
Pwêmanu fabrique des lacets en fibre de peau de noix de coco.Bodanu
fabrique ses pièges là-bas,à Kaala.Ils attrapent des oiseaux.Beaucoup
d'oiseaux.Vers le soir,ils redescendent;ils déplument chez eux les
volatiles,et les cuisent.Alors,ils dorment.Vers le matin,ils remontent.
Ils montent encore fabriquer des pièges;Bodanu est là-bas,à Kaala.
Pwêmanu fait les noeuds en fibre de coco.Comme ils sont occupés à
fabriquer leurs pièges,un lézard du nom de Korowa s'amène.Il se prend
la tête dans le lacet.Eux,en bas,tirent la corde.Le lézard,en haut,se
débat,se débat,se débat.Il dit:
- Monte,toi! défaire cette corde à mon cou! Tu me fermes la route!
Tu viens d'où? Car moi,j'habite ici! Femme grande,monte donc!
   Elle monte le délier là-haut,le lacet à son cou.Le lézard saute,
et s'assoit sur le cou de Bodanu,qui pleure,pleure,pleure ainsi:
- Eh! Pwêmanu! viens viens! regarde-moi! Le lézard est assis sur moi!
Tout çà c'est de ta faute! Maintenant,le voilà assis sur mon cou!
   Pwêmanu s'amène,trouve Bodanu,lui dit:
- Qu'est-ce qui t'arrive?
- Regarde ce qui est assis sur mon cou!
- D'accord! redescendons à la maison!
   Ils déplument les oiseaux,les cuisent dans la soirée.Pwêmanu dit:
- Maintenant,on va manger.Ne nourris pas l'autre(le lézard)! Laisse-le
jeûner!
Le lézard dit:
- Eh! maman,je n'ai pas faim.J'ai déjà mangé,maman! inutile de me
donner à manger!
   Les deux le laissent tranquille,et mangent.Vers le soir,ils montent
dormir.Vers minuit,le lézard se libère.Il dort.

2. Bodanu dit:
- Fuyons!
Ils fuient à la faveur de la nuit.Vers le matin,Bodanu va chercher des
cannes-à-sucre.Elle arrive au champ de cannes,s'y cache.Le lézard se
réveille au matin,s'écrie:
- Ouu! quoi donc? où est maman? vilaine maman!Maman,maman,pourquoi
m'as-tu abandonné?
   Elle n'entend pas.Il la rappelle:
- Vilaine maman!serais-tu descendue pêcher? Peut-être qu'elle est à
la pêche! Eh bien moi,je descends chercher une part de canne-à-sucre!
   Il descend du côté des cannes à sucre.Il la voit dans les cannes:
- Pauvre maman,que fous-tu dans les cannes-à-sucre? Eh!descends donc!
dit le lézard.Bodanu dit:
- Cache-toi là-bas dans la brousse!Que viens-tu faire ici? Il m'a
trouvée.Rentrons!
   Le couple s'assied,cuisine.Ils mangent tous deux,sans rien donner
au lézard,le laissent jeûner.Le lézard dit:
- Inutile de me jeter à manger! je vais bien comme ça!
Ils montent dormir.En pleine nuit,ils redescendent.

38

3. Bodanu s'enfuit dans la tarodière(avec son mari).Ils arrachent
un taro.Ils se cachent là.Vers le matin,le lézard se réveille.Il a
dormi,s'est réveillé au matin.Il s'écrie:
- Ouu! vilaine maman! partie loin! maman maman!Pourquoi t'es-tu ca-
chée,maman,sans m'emmener?
　　　Il l'appelle,l'appelle,et dit:
- Je vais chercher du poisson ,je vais chercher des féculents,que
je cuisinerai!
　　　Ils arrachent des taros,les autres.Le lézard regarde la tarodière:
- Maman,que fais-tu dans les taros? que fais-tu?
Bodanu répond:
- Maman qui? je ne suis pas ta mère!
　　　Le lézard saute,s'assied sur la marmite.Le couple est assis à
cuisiner.L'un d'eux dit:
- Ne lui donne pas à manger! Laisse-le crever!
- Peu importe(dit le lézard),car je suis toujours vivant,et je n'ai
pas faim!
　　　Ils montent dormir.Ils dorment,dorment,pendant la nuit.

4. Pwêmanu se réveille,dit à Bodanu:
- Fuyons!
　　　Ils prennent leur bateau,descendent jusqu'à l'îlot Kèdèk,en face
de Koumak.Ils restent là.
- D'accord!
　　　Ils naviguent ,naviguent,naviguent,arrivent sur le récif appelé
Dajea. Ils mouillent.Le matin,le lézard,là-haut,se réveille:
- Maman,maman,pas là!
　　　Il appelle,appelle:
- Pauvre maman,tu n'es pas là,tu es loin!
　　　Il chiale,descend vers l'océan en pleurant,gémissant:
- Maman,maman!
　　　Bodanu dit:
- Pwêmanu,tu vois! c'est encore lui qui s'amène! Tu entends! il
pleure en descendant!

　　　Bodanu dit:
- Tu vois! il arrive!
　　　Pwêmanu dit:
- Tête de caillou! il sait que nous sommes ici! comment a-t-il fait?
　　　Pwêmanu dit:
- Laissons-le venir tout près! Alors,nous ferons voile vers la haute
mer!
- Maman,pauvre maman! tu fuis pour quoi faire?
Bodanu dit:
- Quoi? maman　　de toi? qui?
- Vilaine maman! tu ne m'as pas réveillé avec toi!
　　　Elle dit,la mère,à son fils:
- Viens viens viens!　　chercher des bénitiers bleus qui
sont au fond là-bas,au loin! Pauvre type! descends,plonge pour
attraper un bénitier! Nous le mangerons à la maison.
　　　Il descend,plonge,arrive auprès du bénitier,fourre sa tête dans
le bénitier.Celui-ci referme son bivalve.Le lézard se débat,se débat.

5. Bodanu dit:
- Fuyons!
　　　Ils fuient,fuient,rentrent à la maison,à Kagado:
- Ah!c'est bon qu'il soit mort (disent-ils)
　　　(Mais) l'être se débat là-bas,arrache le bénitier à son socle,
s'en fait un chapeau,monte sur l'îlot Kèdèk,y dort,dort,dort.Alors
le bénitier s'ouvre.Le lézard extrait son chef du couvre-chef et crie

- Maman,maman! pourquoi m'as-tu abandonné?
    Il appelle en montant,appelle. Bodanu dit:
- Pwêmanu,tu vois,lui,là,il m'appelle en montant. Comment a-t- il
fait pour s'en sortir ? rester vivant?
Pwêmanu dit:
- Le voilà qui vient.On va monter s'asseoir dans notre maison.Toi,
assieds-toi au bord de la barrière! Moi,je m'assieds de ce côté-là!
    Ils sont assis,chacun avec son casse-tête.Le lézard arrive larmo-
yant,et dit:
- Maman! oh! je te laisse! Comme maman n'est pas là,pauvre maman!
je vais monter dormir!
    Au moment où il passe par le porte,Pwêmanu et Bodanu lui assènent
des coups de casse-tête sur le crâne.Il meurt et c'est fini.

Narrateur: Djak Pwêak Paetèn; narré le 26 septembre 1977 à Wanak
près de Koumak.Le narrateur avait 70 ans.Le mot-à-mot a été fait
avec l'aide de Michel Gagne,maçon à Koumak,originaire d'Arama,et de
langue maternelle nyalayu,mais ayant épousé une fille de Koumak,et
parlant bien le nigoumak.

7. LE LÉZARD ET LE BÉNITIER
(texte bwato I)

Voici une histoire du terroir d'où je suis originaire, l'endroit où j'habite toujours. Une histoire du temps jadis. Des vieux avaient un terrain à eux, un terrain tabou. Interdit d'y attraper des oiseaux de la brousse, interdit de les tuer. Tous les oiseaux, et autres bêtes, s' y assemblaient.Ils restaient là ensemble.

Dans la tribu de Pidjan, il y avait deux hommes. Ecoutez leur histoire.C'est l'histoire de cette brousse, endroit interdit : on ne devait pas y tuer les oiseaux. Ces deux hommes ,donc, s'appelaient ...je ne sais plus comment. L'aîné dit au cadet:

- Voilà ce que j'ai pensé : tressons un filet, que nous étalerons dans cette brousse interdite. Allons-y chasser les oiseaux.

Alors,les voilà décidés. Ils se lèvent, tressent leur filet. Le tressage est fini à la tombée de la nuit. Ils se lèvent, prennent le filet, vont l'étaler dans la vallée nommée Cadana. La nuit, ils restent assis. Ils vont voir le filet préparé de bonne heure.Ils restent assis jusqu'à potron minet. Ils se lèvent, montent,arrivent là-haut, au filet. Le filet est plein de roussettes et de toutes sortes d'oiseaux accrochés dans le filet. Ils s'approchent, s'assoient, ôtent les oiseaux du filet,les enlèvent tous, en remplissent leurs paniers. Ils descendent en bas à la tribu. Ils restent là toute la journée, racontant l'affaire à la tribu. Ils restent assis jusqu'à la nuit. Le matin se lève. Tous deux, ils retournent là-haut, et c'est pareil. Ils ramassent un filet plein d'oiseaux de toutas sortes. Ils emportent tous les oiseaux. Ils en emplissent leurs paniers. Ils se relèvent, descendent à la tribu.

Arrivés en bas, ils disent qu'il y avait autant d'oiseaux que la veille, qu' ils ont ramassé des oiseaux comme la veille:

- Or cà! le contenu des filets, le voici.

Ils restent là ce soir-là, et les vieux voient la chose. Parmi eux, le patron de cet endroit, nommé Fwadyay. Voyant les deux gars, il se fâche, se lève,descend, arrive en bas à l'aurore, auprès du filet. Il atteint le filet où sont pendus les oiseaux, qui, les uns après les autres, avaient sauté dans le filet. S'y étaient étranglés. Tous là pendus ensemble. Vient donc l'aurore. Les deux frères accourent visiter le filet.Ils arrivent en haut. Levant la tête,l'aîné voit dans le filet des oiseaux tout plein, de même que l'autre matin. Ils restent là. Ils ramassent les oiseaux du filet.Levant la tête,ils voient, pendu parmi les oiseaux, un être différent.

Ce jour-là, le vieux patron s'était métamorphosé en lézard. Il s'était lui-même suspendu parmi les oiseaux. Le lézard était venu voir les pendus. Les deux frères reculent précipitamment. Effrayés. L'aîné dit:

- Attention! regarde ça! c'est le lézard! un lézard pendu parmi les oiseaux!

Les deux frères se sauvent.Mais le lézard les interpelle:

- Eh! vous deux! revenez détacher la corde de mon cou!

Les deux frères s'arrêtent,pris de peur. Il leur dit:

- Regardez! vous, les fuyards! venez détacher la corde de mon cou!

Alors,ils reviennent en arrière,avec une peur bleue . Ils arrivent là. L'aîné lève la main vers le filet, détache les mailles de son cou. Alors,le lézard tombe d'en haut, se pose sur la tête de l'aîné, s'assied dessus,et leur dit:

- Vous deux! partez! retournez en bas!

L'aîné demande au lézard de descendre de sa tête;mais le lézard répond:

- Non! je reste sis sur ta tête! Là où je suis, je me trouve bien! Vous deux, redescendez à la tribu!

Ils redescendent à la tribu. Tout le monde est surpris, y compris les vieux et les chefs, de voir le lézard assis sur sa tête. Alors,ils délibèrent, les vieux et les chefs.Ils réfléchissent là-dessus. Eux autres,les vieux, ils savaient bien que le lézard était propriétaire de cette brousse. Ils restent à délibérer jusqu'à midi. Ils déjeunent. Ils préparent des assiettes pour leur donner à manger. Ils disent:

- Voilà ton assiette !

Ils disent à l'être perché sur la tête de l'aîné:

- Toi! descends prendre ta pitance! Toi! mange ici, et remonte!

Le lézard répond:

- Non! montez-moi mon assiette. Je mangerai ici, là où je suis assis!

Il prend l'assiette, et reste assis sur la tête de l'aîné. On lui a monté une assiette sur sa tête. Il avale tout. Il remet à quelqu'un l'assiette, et il reste là jusqu'au soir.

Ils préparent le feu, les anciens et les chefs. Dans un endroit nommé Pwau. Jadis,ils séjournaient au pwau, les vieux. Un endroit interdit aux femmes ,où se réunissaient les anciens et les chefs. Ils restent assis là,mais pas long-temps... Elles ôtent le contenu des marmites, les femmes. Elles apportent les assiettes là-haut, au lieu-dit Pwau. Elles apportent là-haut les assiettes, et les posent là. Quelqu'un dit au lézard:

- Toi! descends de ton perchoir, pour manger!

Il répond:

- Passe-moi mon assiette en haut, car je mange ici. Je ne descends pas à terre!

On lui monte son assiette sur la tête du gars. Il mange tout, tout.Quelqu'un l'aide à remettre son assiette par terre. Ils restent assis, jusqu'au soir. Ils montent faire du feu, les vieux, dans leur maison, où dormiront les deux frères. On leur a dit :

- Vous deux ! montez dormir ici!

Le cadet dit au lézard:

- Toi! dors ici! ta natte, la voici! ton oreiller et ta couverture,les voilà!

Il répond, le lézard:

- Moi, je dors sur ta tête. Je ne descendrai pas à terre!

Ils ne parlent plus au lézard. Ils dorment jusqu'au matin. Le cadet voit sur la tête de l'aîné des gouttes de pus, qui dégouttent sur son visage. Il essuie, frotte, regarde,dit:

- Ça pue!

Ils sortent réchauffer sur la braise les restes de la veille.Ils préparent leurs assiettes. C'était jadis des feuilles de cocotier, les bouts des feuilles de cocotier. Ils disent au lézard:

- Toi! descends pour manger les restes de la veille!

Il répond:

- Non! montez-moi ma pitance, je reste là-haut pour le repas!

Ils lui montent son plat. Le lézard avale tout.

Alors,le plus vieux des vieux pense. Et il dit aux anciens:

- J'ai pensé à quelque chose. J'ai décidé d'aller faire une virée au plateau de Pwanyit afin d'y quérir de la nourriture animale.

Ils lui disent:

- Oui! tu as raison!

Ils prennent la pirogue, descendent le filet. Descendent aussi les deux frères avec les vieux. Celui qui a la chose sur la tête, il descend, vient s'asseoir au milieu de la pirogue.Ils rament. Ils rament de Pidyan jusqu'à Pwanyit.Ils arrivent là. Ils rament.Le vieux,debout à la proue,voit des bénitiers,et dit:

- En bas,voilà de la viande! comment faire pour l'attraper ?

Celui qui est debout à la poupe dit:

- Quoi?

- Des bénitiers!

Le lézard appelle du haut de son perchoir, demandant:

- Où sont-ils?

Le vieux debout à la proue répond:

- En bas, au fond!   Le lézard se dresse, et dit:

- Je descends les attraper! Il plonge pour attraper les bénitiers. Il pé-
nètre dans un bénitier . Il est étonné,le bénitier, et de surprise, s'est
refermé! Il est fermé, le bénitier. Alors,debout dans le bateau,les autres se
zieutent yeux dans les yeux. Alors, celui qui est à la proue dit:

- Vous! écoutez! retournons!

    Alors,ils dérivent.Leur course les ramène à Pidyan, ici. Ils restent à la
tribu le soir. Alors,ils montent dormir là-haut, dans le pwau. Ils dorment.
Alors,le cadet se jette sur le côté, s'endort. Ils dorment jusqu'au matin.
Ils sortent, les dormeurs. Mais l'aîné est profondément endormi, celui qui
avait eu sur sa tête le lézard. Il dort de son dernier sommeil.

    La nouvelle se répand parmi les anciens et les chefs, là où ils résident...

Narrateur: Diela Joseph Thi, 72 ans. Narré à Gatop, le 25 juillet I977, en
langue bwato (parlée à Gatop,Poya, Nepo,Oundjo). Le mot-à-mot a été réalisé
avec l'aide du narrateur et de Jean Poithily Cupila, chef de la tribu de
Gatop, et adjoint au maire de Voh.La langue de Poithily est le xaveke,assez
    proche du bwato. Le récit a été réécouté par douze hommes de la tribu
rassemblés,comme d'ordinaire, dans la maison du chef,sur un tertre,le 31
juillet.Les épisodes décrivant le pus dégoulinant sur le visage du Porte-
Lézard, et la plongée dans le bénitier ont été salués de rires. Cette
audition du magnétophone a été ressentie comme une distraction de choix : un
peu de culture authentique ,entre deux parties de foot-ball et de pétanque sur
le gazon de Gatop.

8. Le veau marin et la vache marine
(texte bwato II)

Je vais raconter l'histoire du dugong(vache marine).Un jour, une certaine année,la tribu arrachait les ignames. Vieux et chefs délibèrent, nous ordonnent d'aller chercher du poisson, pour assaisonner les ignames,dès le lendemain:

- Eh bien! jeunes! descendez en pirogue! pêchez tortues et dugongs! Ramassez ce que vous pourrez! Le soir, la marée était haute.Après le repas,on tire les mouillasses,on part. On va vers Pwanyit.On trouve deux dugongs.J'étais dans la pirogue avec le chef de Téê. On trouve donc une vache marine et son veau,sur le platier de Pwanyit. Aussitôt,le barreur se dirige vers les deux bêtes.Je prends une sagaïe.Je pique la mère à la tête.Je la tue net. Touchée par la sagaïe,la voilà morte,immobile. J'ignorais qu'il y eût un petit.J'avais piqué sa mère. Etonné,le petit s'enfuit.Etonné, il s'enfuit,le petit.Je le vois,je veux le poursuivre.Le patron du bateau dit:

- Pourquoi le poursuivre? Je dis:

- Mais si! poursuivons-le!pour lui sauter dessus! On laisse donc par derrière la mère harponnée, on court après le veau. Il court,court, descend vers la passe. Il remonte (pour respirer). De la proue, je lui saute dessus.Je lui saisis les pattes.Je lui fourre deux doigts dans les narines, pour l'empêcher de respirer. De ma paume, je lui ferme la gueule. Il fuit, m'entraîne vers le fond, dans la passe, le passage pour entrer dans le récif. Le veau descend dans les algues et le corail, remonte. Alors,je commence à boire. Quand nous avons émergé,le bateau était tout près de nous.Je demande au patron de me jeter une corde.Il me la jette.Je l'attrape.Le veau se débattait,ne pouvant plus respirer. Il avait les narines bouchées, et la bouche fermée par ma paume. J'ai sorti la tête de l'eau, j'ai attrapé la corde,je lui ai attaché la queue.Je ne sais pas comment j'ai fait mon compte.D'une main,je lui tenais les pattes,de l'autre,je lui fermais la gueule.Je ne sais pas comment j'ai fait pour lui attacher la queue.

Alors,ils nous ont hissés tous deux sur le bateau. J'avais l'estomac plein d'eau.
Tout gonflé de l'eau que j'avais bue. J'ignore sur quelle distance, il m'atraîné,
le veau! Cinq cents mètres ,m'entraînant au fond, puis émergeant. Il cherchait à
m'entraîner au fond,pour m'écorcher aux rochers.Rien à faire! Je lui   disais:
- Dis donc! on mourra ensemble! Tu meurs, je meurs! Ou je meurs : tu meurs!Je ne
te lâcherai pas! Je te tuerai!

On est arrivés au bateau;on y a grimpé, avec le veau marin.A bord,il dort de
son dernier sommeil,mort.Il est allé retrouver sa mère. On retourne vers l'endroit peu profond où se trouvait sa mère.Couchée avec la sagaïe.Nous lui perçons
les lèvres avec un couteau.Nous y insérons une corde.Et nous remorquons la vache.
Deux autres pirogues nous cernent, ignorant que nous eussions attrapé un dugong.
On rentre à la tribu par vent arrière.On arrive à la tribu.Les autres étaient arrivés avant nous, et nous après. Etonnés,ils regardaient la vache et son veau marin,à la poupe. Etonnés, ils disaient:
- Eh! une vache marine remorquée, morte!   Les autres disaient:
- On n'a pas vu quand ils l'ont piquée!

Ils remontent la mère à terre, la traînent près de l'embarcadère.Ensuite,on
traîne le veau près de sa mère,couchés ensemble. Alors,les garçons montent ensem-
ble sur les deux bateaux. Je leur dis:
- Ce veau marin porte-t-il trace de sagaïe ?
Ils viennent, ces gars,retournent le veau,ne voient nulle trace de sagaïe,disent:
- Non!   Je leur dis: - "La sagaïe avec quoi je l'ai piqué, ce sont mes deux
mains!"   Ils s'entre-regardent.
- Oui da! j'ai bondi dessus sans sagaïe!
- Tu dis vrai ?   Je leur dis:
- Mes témoins,les voici : le père de Loriyan, le père de Téê , et Téê.Demandez-
leur comment j'ai fait pour sauter dessus et le tuer.Ils vous raconteront la mise
à mort!

Ils n'avaient jamais vu quiconque sauter sur un dugong et le tuer.

. - Mais si! c'est vrai, ce que je dis!

Ce n'est pas la première fois. J'ai déjà vu un vieux bondir sur un dugong.Son nom : Charlie, un vieux de Wate.Il avait sauté sur une vache marine,à Hwataap. Elle filait depuis Wan. Il a sauté sur elle à T'avao. Il l'a prise, est arrivé ici le vingt-cinq décembre. Nous sommes tous descendus voir;nous l'avons renversée pour l'examiner. Le grand-père de Cada Bwoon dit:

- Cette vache marine, je lui ai sauté dessus!

Pas trace de sagaïe .Les gens, debout, constatent qu'il n'y a pas trace de sagaïe. Je dis:

- D'accord! en effet.   C'est la première fois que je voyais un homme attraper à mains nues un dugong.Je leur dis:

- Je n'en sais pas plus que les autres, gens du bord de mer.Je le raconterai plus tard.   Voilà, c'est fini.Quand on me demande de raconter cette histoire,les gens me disent: - C'est de la blague! Mais ce que je dis, je l'ai fait! Je ne raconte pas les choses par ouï-dire.Je vous raconte ce que j'ai fait! Si on va encore demain sauter sur une vache marine,je n'en sais rien.Vous raconterez cette histoire quand je serai mort,je ne serai plus là pour le voir.Fin.

Narrateur: Diela Joseph Thi; 25 août 1977,à Gatop, en bwato. Georges Baudoux (Légendes canaques, Paris,Editions Rieder,1928,p 217) note à propos du dugong (un herbivore):"De temps en temps,les dugongs viennent respirer à fleur d'eau... Un dugong est-il cerné,échoué ou bloqué dans un filet,aussitôt,tous se précipitent dessus,se cramponnent après,et,avec des tampons d'écorce de niaouli ou de paille, ils lui bouchent les narines...Sa chair ressemble à celle des hommes,elle est très bonne à manger.Les morceaux succulents se trouvent sous les nageoires: des glandes d'une graisse jaunâtre,huileuse..."

9. HISTOIRE POUR TOUS LES OISEAUX DE NOUVELLE-CALÉDONIE

(texte nyalayu;conté à Koumac en septembre 1977; pour sert de préposition passe-partout,correspondant ici à de; influence du bichmalar long ,de l'anglais belong).

Légende des troupes d'oiseaux, vivant dans les tribus de Nouvelle-Calédonie.Un jour, ils partent,se promènent sur la rivière pour trouver un endroit où se baigner. Ils trouvent enfin l'eau.C'est le lève-queue(Rhipidura) qui l'a trouvé.Il crie aux autres là-haut:

- Descendez! voici l'eau!

Un trou d'eau à l'embouchure,là où gite un démon.A la porte de sa maison se dresse un arbre de fer.C'est là qu'il entrepose sagaîe et casse-tête.Les oiseaux descendent et se baignent.Ils terminent le bain,remontent,remontent en amont,jusqu'à la source. Ils y construisent leurs nids.

La moitié des oiseaux vont voir ceux qui ont fini.Ils trouvent que leur maison n'est pas belle.Il est bien propre,le nid du wapipi (Erythrura psittacea).Les oiseaux pensent,se disant : la prochaine fois qu'on fait une maison,c'est le wapipi qui la construira.Parce-que sa case est jolie.Car nous,on est plus gros que lui;et lui,il est plus petit que nous.Regarde comme sa maison est propre!

Quant au Djak(l'oiseau-siffleur),il n'aime pas se salir.Car il est plus blanc que les autres,plus joli.Il refuse de s'associer aux autres pour construire.Mais il veut "fouiller à bouffer pour les autres". Il cherche à manger dans la rivière.Les autres disent:- Bon! avec le mediya (Zosterops,oiseau à lunett_es), il s'associera demain pour quérir la pitance!

Ils s'assemblent,délibèrent sur l'édification d'une maison.Après,la moitié des oiseaux vont quérir du bois,l'autre moitié va arracher de la paille. Ils se baissent, commencent à creuser les fondations,creusent,creusent,creusent; une fois que c'est fini,la perruche pwirip dit:-

- Je parle à vous autres: je suis la plus belle de tous! Maintenant,c'est moi qui vais choisir! Uilu(le wapipi) travaillera à la maison! Nous,on va travailler en bas,pour vous passer les objets là-haut,sur la maison!

Uilu dit:- D'accord! Il se met à monter sur la maison,enfin,pour la couvrir de chaume. Le lève-queue monte partout,pour voir si la maison est bien installée ou non. Le démon ,en bas, réfléchit.Il voit que les autres ont construit une maison.Et lui, il reste en bas,chez lui. Il attend qu'ils aient terminé.Alors,il monte là-haut.

Les autres disent au lève-queue,la maison une fois finie:

-Monte là-haut pour voir si la cime est droite ou tordue!

Le lève-queue leur dit que c'est très bien.Le démon part de chez lui.Il marche,avec

sa sagaïe.Le soir,il cherche à manger.Il pêche au bord de la rivière.Il met le feu

à la brousse sur le rivage.Le feu brûle. Alors,il part chercher à manger en amont.

Il monte,et en revenant,il voit les autres là-haut.Il descend,reste chez lui. Il remonte

là-haut. Le démon trouve l'oiseau siffleur Djak juste à l'endroit où il a mis le feu.

Il demande à Djak ce qu'il fait. Djak   répond:

- Je suis descendu chercher à manger.Les autres m'ont envoyé chercher de la nourriture

pour eux!

Le démon dit:

- D'accord! si tu veux être plus blanc,va là où c'est brûlé!;ainsi,tu seras plus blanc!

Le siffleur dit:- D'accord! Il monte se rouler dans les cendres;il se couche là,il

s'y roule.Plus un endroit de blanc sur son corps! Il continue. L'oiseau à lunettes

est témoin de ces faits.Son oeil,autrefois,était plus petit que celui des autres

oiseaux.Le démon l'appelle:

- Que fais-tu là?

Il l'appelle,lui dit:

- Prends ce fruit pour t'en frotter les yeux.

Le mediya s'arrête,prend ce fruit,s'en frotte autour des yeux. Apparait ce que nous

voyons aujourd'hui autour de ses yeux.

   Le démon va trouver les autres là-haut.Il considère la maison,dit:

- Voyez! la cime de la maison est tordue! ce n'est pas ainsi qu'on bâtit une maison!

Vous feriez bien de la démolir!

Les autres disent:- Bien! et s'inclinent.Ils démolissent la maison.Le démon:

- Décidez d'un jour! prévenez-moi,que je remonte!

   Ils disent:- D'accord!

Le démon:- Moi,je demeure à l'embouchure de la rivière.A la porte,il y a un arbre

de fer,avec une sagaïe et un casse-tête.

Les autres disent:- Bon! on enverra l'autre.On enverra le lève-queue pour te prévenir.

   Les autres ont refait la maison;il leur reste à la couvrir de chaume et de goalettes.

Le lève-queue descend la rivière,marche,marche,marche. Djak a honte de retourner là-haut,

avec les autres.Car il est tout noir.Le mediya à lunettes a honte lui aussi : il a les

yeux cernés. Tous deux restent au bord de la rivière.Le lève-queue est descendu jusqu'en

bas; il dit au démon:

- Je viens te voir,car on a déjà monté la maison.Elle n'est pas encore couverte.On

veut d'abord que tu nous dises si elle est bien droite.

53

Le démon dit:- D'accord! Ils montent,trouvent là-haut les oiseaux.Ceux-ci disent:
- Monte donc,pour examiner la maison! et ils montent fixer la cime.Mais le démon
est debout là-haut.Les oiseaux lui demandent:
- C'est droit ou tordu? c'est bien?
Le démon:
- Penché! penché! C'est bon,mais la maison est tordue!
Il les couillonne (sic).Les autres descendent pour couvrir la maison.Ils la couvrent,
mais l'autre est toujours là.Le lève-queue voltige avec les autres,avide de voir.Debout
là-haut,il crie aux autres en bas:
- Eh! venez voir la cime! elle est mal mise,tordue!Il vous a couillonnés!
    Un oiseau dit:
- Prenéz vos sagaïes et casse-têtes! il a fui,le démon!
    Celui-ci,en effet,est parti en aval.Les oiseaux le poursuivent.Ils descendent,
descendent,descendent.Le démon s'est juché sur son arbre de fer.Les autres sont
sous lui. Quand il les aperçoit,il leur montre son cul. Cela fait mourir les oiseaux.
Restent seuls vivants le lève-queue et Uilu, qui étaient restés là-haut.
    Voyant que les autres ne reviennent pas,ils descendent les chercher,ils descendent.
Ils voient Djak. Uilu lui dit:
- Djak,pourquoi es-tu tout noir?
Le lève-queue dit:
- Oui,c'est bien Djak, blanc jadis, tout noir à présent.
Le Uilu dit:
- C'est bien lui! attends! je vais lui demander!
Djak répond:
- C'est bien moi! je suis Djak! Avec les copains,je suis venu ici chercher à manger;
ce démon m'a trouvé;il m'a dit de me rouler dans la cendre. Je me suis roulé,
j'ai été roulé! je n'ai plus ma couleur blanche.A cause de cette noirceur,j'ai trop
honte!
Uilu lui dit:
- Viens donc avec nous deux! Allons chercher les autres!
    Ils regardent en bas. Uilu demande à Danginy (le lève-queue):
- N'est-ce pas le Mediya,ça? C'est lui! pourquoi ces cercles autour de ses yeux?
Uilu crie:
- Eh toi! tu es bien le Mediya?
Le Mediya:
- Oui! je ne suis pas remonté parmi vous,par honte de vos railleries.Je suis
perché sur cet arbre nommé pulèk.

Uilu dit:

- Viens avec nous deux! on reste là-haut!

Ils descendent jusqu'à la maison du démon,en bas,fouillent,mais ne le trouvent pas.
Ils s'en retournent là-haut.C'est fini. Le Djak est mort;ils décident de l'enterrer.
Le Mediya est mort. Danginy est mort. Uilu reste seul. Il reste,reste,reste,le sorcier,
se demandant quoi faire avec ses boucans.

Un jour,il sent venir sa mort prochaine.Il enterre ses objets magiques au milieu
de sa case.Il meurt en chantant ses incantations. Tu vois,la maison plantée là;
plus tard,cela deviendra montagne! Une source surgira là! En Calédonie,pas de
sources! Les sources ont pu sourdre grâce aux choses magiques.C'est là dedans que
boivent les oiseaux vivants revenus, les bêtes qui leur ont succédé.

Piquez en bas vos sagaîes pour vous les envoyer.Piquez en haut vos sagaîes pour
vous les envoyer! Fin.

(narrateur: Pierre Gagne,44 ans; 27 septembre I977)

CONTES CORÉENS

Abréviations

Mot-à-mot

I - halmi kkoch əi nɛlyɔk "La fleur halmi"
Ⅱ - kəm tokki wa sui tokki "Hache d'or et hache de fer"
Ⅲ - pak kwɔn-noŋ əi atəl " Le fils de Pak Kwon-nong"

Traductions courantes

NB. Les traductions courantes ont été publiées dans le recueil :

Contes populaires de Corée, par Maurice Coyaud et Jin-Mieung Li, Paris,
Pour l'Analyse du Folklore (P.A.F. 36 av. Wagram,Paris, 8ème), I978; 235pages

- La translittération adoptée ici s'inspire de la transcription de Horne
et Yun (Yale Mirror series, I954); mais nous opérons ici une vraie translittération, tandis que Horne et Yun ont un système mixte : parfois, simple translittération, parfois transcription phonétique, comme dans le système McCune-
Reishauer.

Abréviations utilisées dans le mot-à-mot des contes coréens
(les numéros entre parenthèses
renvoient aux phrases)

acc. : accusatif -(ə)l (I-2...)

alt. : alternatif

adv. : adverbial -ke (I-1,6..); -hi (I-18), lo (II-10)

but : postposition de but : -tolok, lyoko

caus.: causatif -li (ly) (I-8), ki (III-7)

ce 1,2,3 : démonstratifs des 1er, 2ème, 3ème degrés d'éloignement

cit. : citation la (I-35), lako (I-36)

conc.: concession : man

cont.: continuative (forme) ko (I-17,33)

décl.: déclarative (forme) ta (I-1,2...)

dev. : "devenir"

exhort.: exhortatif psita (I-37,38,39)

fin. : particule finale

fut. : futur ou conjectural -kess- (I-32,46)

ger. : gérondif -myənsə

hon. : honorifique si (I-16), se (I-18,33,35)

hon.fin. : honorifique final : o , yo

hum. : humble :(ə)p

imp. : impératif : yə (I-31), seyə , la , lila

ind. : indicatif   -ni- (III-15)

inter.fam. : interrogatif familier : nya (III-11,12,13)

loc. : locatif lo , sə (I-18)

mod. : modal kun(a)

nom. : nominaliseur -m   , ki (II-10), -ci (I-23,46)

neg.: négation anh- (I-30), əps-(I-32,40) , an- (I-29)

neg.pot. : négation du potentiel : mos (III-4)

n.p. : nom propre

obj. : obligation ya

part.: participe yə (II-13) , sə (I-32)

onomat.: onomatopée (II-9)

pa. : passé -ss-

passif : hi (II-9),

pl. pluriel təl (I-3)

pot. : potentiel su

prohib.: prohibitif ma

rel. : relatif épithète (I-8,15,21,23,28)

rel.1 : relatif présent nən (I-22,28,29)

ral.2 : relatif imparfait t<u>ɔn</u> (II-13)

rel.3 : relatif passé <u>(ə)n</u> (I-2,40)

rel.4 : relatif futur (I-9,32; II-20) -<u>ɭ</u>-

rel.5 : relatif plus-que-parfait -<u>sstɔn</u> (I-23)

renf. : particule de renforcement <u>te</u>

susp. : .forme suspensive -<u>ə</u>- (I-6), -<u>i</u> (II-20)

suj. : sujet <u>i</u>, <u>ka</u>

th. : ·thème <u>(n)ən</u>

top. : toponyme

vl. : voyelle de liaison

La source de certaines dénominations grammaticales (par exemple :"indicatif, pour
l'infixe -<u>ni</u>-,est Samuel Martin : <u>Korean Morphophonemics</u>, Language dissertation)

Le découpage en phrases est assez arbitraire . C'est l'apparition d'une forme
finale (déclaratif -<u>ta</u> , interrogatif-<u>kka</u>) qui fixe généralement la coupure.

Les textes ne sont pas donnés in-extenso en mot-à-mot. La source des contes est
Park Yung-Joon , <u>Hankuk əi consɔl</u> (Dix volumes), Séoul, 1972(pour la première
édition)
Dans le volume <u>Contes populaires de Corée</u>, on peut trouver le mot-à-mot du conte
Həngpu et Nolpu in-extenso, avec le texte coréen et le texte translittéré morphème
par morphème. (P.A.F., Paris, 1978, pages 180 à 199)

I. halmi kkoch əi nɛlyɔk

yes-nal chuŋcu koəl   e han halmɔni   ka   ɔlin   se son-nyɔ .   wa
jadis np.   district à une gd.mère   suj. en bas âge   trois petite-fille avec

kanan ha- ke sal- ko iss- ɔss- ta // 2. i   halmɔni nən cɔlm-ɔss- əl-ttɛ
pauvre V adv. vivre cont. être pa. déclar.// cette gd.mère th. jeune pa. temps

namphyɔn əl yɔəi -ko myɔnəli   macɔ ɔlma hu e sesaŋ əl ttɔna
mari   acc. deuil cont. belle-fille aussi peu après à vie acc. quitter

kyɔlkuk nam -ən sik˙ku   lako- n son-nyɔ ses ppun i -ɔss- ta
fin rester rel. famille   cit. th. pt.fille trois seulement être pa. décl.//

halmɔni nən son-nyɔ -təl-əl kkəmccik-   i salaŋ hɛ-ss-ta // kə cuŋ
3.gd.mère th. pt.fille pl. acc. extraordinaire-ment aimer V. pa. décl.4.ce parmi

esɔ to ses ccɛ son-nyɔ ləl tɔuk salaŋ hɛ-ss-ta // ɔnə   tɔs se
dans même trois-ième pt.fille acc. le plus aimer V. pa. décl. 5. quelque année

wɔl i həl˙lɔ son-nyɔ -təl ən nai ka cha -sɔ motu sicip   əl ka-
mois suj. écouler pt.fille pl. th. âge suj. remplir part. tous/maison de/acc. aller
                                                                      l'époux

ke toi-   ɔss-ta // chɔs- ccɛ son-nyɔ nən ɔne   puca cip əi myɔnəli
adv. devenir pa. décl. 6.prem-ière pt.fille th. certain riche maison de bru

lo   ka -ke toi- ɔss- ko , tul- ccɛ son-nyɔ nən caŋsa kun əi cip
comme aller adv. devenir pa. cont.,deux-ième pt.fille th. marchand Mr. de maison

əlo sicip əl ka- ke toi- ɔ kak-kak hɛŋpok ha- ke sal- ke .toi-
dans maison acc. aller adv. devenir susp. chacune bonheur V. adv. vivre adv. devenir

ɔss-ta // kəlona ses- ccɛ son-nyɔ nən kanan ha- ke sɛŋhwal əl ha-nən ɔne sɔnpi
pa.décl.7. mais trois-ième pt.fille th. pauvre V. adv. vie   acc. V.rel.certain lettré

eke sicip əl ka -ke toi-ɔss-ta // i halmɔni nən ses-ccɛ   son-nyɔ ka
à maison acc. aller adv. dev.pa.décl. 8. gd.mère th. trois-ième pt.fille suj.

kanan ha- n cip əlo sicip əl ka- n kɔs i maəm e kɔi- ly-
pauvre V. rel.maison dans mariage acc. aller rel.nom. suj. humeur à accrocher caus.

ɔss-ta // hona ice nən ɔti ta əici ha-l kɔs cocha
pa.décl. 9. mais maintenant th. où s'appuyer V. rel.4 nom./non plus/

ɔps- ke toi -ɔss-ta // son-nyɔ-təl i kə toŋ-an sallim-salli ləl hɛ-
absent adv. dev. pa. décl. 10.pt.fille pl. suj.ce dans ménage acc. faire

wa- ss- ə- na motu sicip əl ka- n hu lo- n halmoni nən oilouɔ-
venir pa.vl.mais toutes mariage acc.aller rel.après à th. gd.mère th. solitaire

cy- ɔss-ta // tto- n han mɔk- əl kɔs i ɔps- ɔ- sɔ- myɔ chilssik
dev.pa.décl. 11.aussi/th.1./manger/rel.4/chose suj. absent vl.part.quand parfois

kulm-ki to hà- yo- ss-ta // ɔnə hɛ əi il [yiil] i ɔ -ss-ta//13.halmoni nən
jeûner nom.même V.vl. pa.décl.12. un jour de événement suj.être pa. décl.gd.mère th.

kulm- culi- ta mos hɛ, son-nyɔ əi cip -təl əl tulu chach- ki
jeûner affamée décl.impossible V. pt.fille de maison pl. acc./tour à tour/visiter/nom.

lo ha- yo- ss-ta // choəm puca cip əlo sicip əl ka- n chɔs -ccɛ
pour V. vl. pa.décl.14.début riche maison à mariage acc. aller rel. prem-ière

son-nyɔ əi cip əl chach-a- ka -ss-ta//15.kolɛ tɔŋ kath- ən kiwa cip
pt.fille acc.maison acc. visiter vl.aller pa.décl.baleine dos telle rel. tuile maison

əl mun əl təl- ɔ- sɔ- ni chɔs- ccɛ son-nyɔ nən pankap -ke mac-i hɛ-
acc.porte acc.entrer vl. quand prem- ière pt.fille th. joyeuse adv. accueil V.

ss-ta//16.halmoni ɔlma na kosɛŋ i manh-ə- syɔ- ss-ɔ-yo//17.co nən
pa.décl. gd.mère combien mesure/vie dure/ suj. beaucoup hon. pa. poli je th.

iloh-ke atəl ttal nah- ko cal sal- ko iss- ə- yo//18.yɔki-sɔ
telle-adv.fils fille enfanter cont. bien vivre cont. être vl. poli ici loc.

myɔch il toŋ-an phyɔn-hi sui- ɔ- ka- se- yo//19. khə-n
quelques jours dans aise adv. reposer vl.aller honor. poli grand rel.

son-nyɔ nən tu son əlo halmɔni ləl cap-ə-myɔ mal hɛ-ss- ta
pt.fille th. deux mains avec gd.mère acc. attraper quand parler V pa. décl.//20.

halmɔni nən ilɔhke sɛŋkak hɛ-ss- ta // kathi -ssəl tte n mol-
gd.mère th. ainsi impression V pa. décl. 21. ensemble être temps th. ignorer

lato sicip əl ka- ni yɔksi khə- n son-nyɔ ka ce il i-ta
quoique mariage acc. aller quand/en fait/grand rel. pt.fille suj.ord. un être décl.22

kot mas iss-nən panchan saŋ i təl-ɔ- wa- ss- ta //
aussitôt saveur être rel. plats table suj. entrer vl.venir pa. décl. 23.

halmɔni nən ice kkɔs mɔk- ɔ- po - ci mos hɛ-sstɔn
gd.mère th. maintenant jusque manger vl. voir nom. impossible V. rel.5

kiləm ci - n əm- sik əl phucim ha- ke mɔk-ɔss- ta //
gras plein rel. boisson aliment acc. copieux V adv. manger pa. décl. 24

ɔlma hu sonca saui ka təl- ɔ- wa- ss- ta // sonca
peu après pt.fille pt.gendre suj.entrer vl. venir pa. décl. 25. pt.fille

saui yɔksi halmɔni eke chincɔl ha- ke tɛ- hɛ- ss- ta //
pt.gendre/en fait/gd.mère envers aimable V adv. traiter V pa. décl. 26.

ilɔn nal i halu i-thəl i cina ,poləm i toi-ɔss-ta
tel jour suj. /un jour/ deux jours/suj./passer / 15 jours/ suj.devenir pa.décl.27

ɔnə nal pam əi il[yiil] i- ta // khə-n son-nyɔ wa saui
certain jour nuit de événement être décl. 28 grand rel. pt.fille avec/pt.gendre/

ka tathu- nən soli ka təl- lyɔ- wa- ss- ta // cɔ pilɔmɔk
suj. quereller/rel.1/bruit suj. entendre caus. venir pa.décl. 29. cette clocharde

əl halmɔm ən wɛ an- ka ko iss- nən- kɔs ya // ssəlte
acc. gd.mère th. pourquoi neg.partir cont. être rel.1 nom. inter. 30 utilité

ɔps- i ssal man chuknɛ ci anh - a
absente inf. riz seulement consommer nom. neg. vl.

31.ppalli ccoch-a - pɔl - yɔ // tul ccɛ son-nyɔ to iss-ə-myɔnsɔ
vite chasser vl. jeter impér.32 deux-ième pt.fille même être vl. alors que

ka l kisɛk i ɔps- ə- ni cham ttak hɛ -sɔ mos
aller/rel.4/ envie suj. absente vl. puisque très insupportable V part. impossible

po- kess-.kun kəlɛ // ilɔn mal əl sonca saui ka ha- ca
voir fut. modalité finale 33. tel discours acc. pt.fille pt.gendre suj. dire dès que

nuku n ccoch- a - nɛ- ko siph- ci anh- a- sɔ- mos
qui(=je) th. chasser vl. sortir cont. désirer nom. neg. vl. part. impossible

ccoch- a nɛ nən cul a- se - yo // nɛ ka ɔttoke kəlɔn mal əl
chasser vl. sortir rel. chose cop. honorifique 35.je suj. comment tel discours acc.

ha la -n mal e yo // taŋsin i naka lako ha- se-yo
dire cit. rel. discours cop. hon. 36. toi suj /va-t-en/ cit. dire honorifique 37

kəlɔm ilɔhke ha - psita // aph-əlo nən panchan to cɔk ke cu ko
donc ainsi faire exhort. 38 désormais th. plats même petit adv. donner cont.

pap to poli-pap man cu-psita // kəlɔm kə lo psita
riz et blé-cuit seulement donner exhort. 39. ainsi cecela selon exhort. 40.

halmɔni nən ilɔn soli ləl tət- ca kəman kə kot e tɔ iss-
gd.mère th. telles voix acc. entendre /dès que/alors ce endroit à encore demeurer

ko siph- ən sɛŋkak i ɔps-ɔ- cyɔ- ss- ta // kəlɛsɔ halmɔni nən
cont. désirer rel. envie suj. absent vl.devenir pa. décl. 41. ainsi gd.mère th.

kə nal pam e mollɛ kə cip esɔ ppacyɔ na wa- ss-ta //
ce jour nuit à secrètement ce maison de sortir quitter venir pa. décl. 42

halmɔni nən son-nyɔ nɛ-oi ka koɛssim hɛ-ss-ta // tto han casin əi
gd.mère th. pt.fille couple suj. exécrable V pa. décl. 43. aussi soi-même de

sinse ka nɔmu chɔlyaŋ ha-ke nə.kkyɔ cyɔ -ss-ta // halmɔni nən kə kos
sort suj.trop désolé V adv. ressentir devenir pa.décl.44.gd.mère th. cette chose

eso pɛk li na mɔl,li   ttɔl-ɔ- cin tul- ccɛ son-nyɔ ttal əi cip
par cent li environ loin   épuisée vl.   deux-ième pt.fille fille de maison

əl hyaŋ hɛ kil əl ttɔna-ss-ta // halmɔni əi mom ən kək tolo
acc.vers V chemin acc. partir pa.décl. 45. gd.mère de corps th. très route

phikon hɛ-ss-ta // tul-ccɛ son-nyɔ nən kəlɔh ci- anh- kess- ci
fatigue V pa. décl. 46. deux-ième pt.fille th. telle nom. neg. probable nom. 47.

halmɔni nən san əl nɔm- ko kaŋ əl kɔn nɔ tul- ccɛ son-nyɔ cip
gd.mère th. mont acc. franchir cont. fleuve acc. franchir deux-ième pt.fille maison

əlo ka-ss -ta
dans aller pa.décl.   NB.Les numéros des notes renvoient aux phrases.

Notes. 1. son-nyɔ 孫女 ; 2. sesaŋ 世上 ; 2.kyɔlkuk 結局 ; 2. sik.ku 食口

5. sicip 媤집 6. ɔuca 富者 ;6. hɛŋpok 幸福 ;6. kak-kak 各各 ; 8.maəm e kɔllɔssta
"il y a quelque chose qui accroche, ça ne descend pas bien"

8. sicip əl ka-ta "aller dans la maison de l'époux"; traduit désormais par "mariage";

IO. hu 後 ; IO. oilop-ta "solitaire";[15] sɔ-ta "être debout"; 16. kosɛŋ 苦生

20. sɛŋkak 生覺 "pensée,idée"; 21. yɔksi 亦是 ; 22. panchan 飯饌

16. na "parcours ad libitum sur une échelle";[25] chincɔl 親切 ; 25. tɛ hata 對하다

23. əmsik 飲食 ; 29. halmɔm : péjoratif pour halmɔni ; pil-ta "mendier"

30. ssə-ta " être utile"; -(ə)l "relatif futur";43. casin 自身 ;43. sinse 身世

43. chɔlyaŋ 凄凉; 44. hyaŋ 向 ; 45. phikon 疲困 ; 47. kaŋ 江

I. La fleur *halmi* "de grand-mère"
Halmi kkoch әi nɛlyɔk

Il y avait jadis une grand-mère vivant pauvrement avec ses trois petites-filles au village Chuŋcu. Son mari mourut quand elle était jeune; sa belle-fille subit le même sort. Elle vivait donc avec ses trois petites-filles, les aimant beaucoup. C'était la cadette d'entre elles qu'elle aimait le plus. Le temps passe. Les trois petites-filles se marient. La première épouse un fils de richard, la seconde un marchand; elles ont de la chance. La cadette épouse un lettré (*sɔnpi*) pauvre. La grand-mère était toute triste de voir la cadette épouser un pauvre. Elle n'a plus personne sur qui compter. Jusqu'alors, les petites-filles s'occupaient du ménage; une fois qu'elles sont mariées, la vieille reste seule. Parfois, elle passe des jours sans manger.

Un jour, enfin, la grand-mère, ne pouvant plus supporter la faim, décide de rendre visite à ses petites-filles, tour à tour. D'abord, elle va en visite chez l'aînée, qui a épousé le fils de riche. Elle franchit le seuil de la maison grande comme une baleine. La petite-fille l'accueille avec joie: —"Grand-mère! Tu as beaucoup de mal à survivre! Moi, j'ai des enfants, et je suis heureuse. Passe avec nous quelques jours." Ainsi accueille-t-elle sa grand-mère, les bras ouverts.

La grand-mère pense: —"Quand nous étions ensemble, j'ignorais qu'elle était si gentille!" La petite-fille a préparé une table avec des plats délicieux. La grand-mère mange copieusement de ces plats savoureux; elle n'en avait jamais mangé d'aussi bons. Quelques moments plus tard, le beau-petit-fils entre. Il est également gentil avec elle. Elle passe un jour, deux jours, finalement, une quinzaine chez sa petite-fille aînée.

Un soir, le bruit se fait entendre, d'une dispute entre la petite-fille et son mari: —"Cette vieille clocharde, pourquoi ne s'en va-t-elle pas? Bouche inutile! Chasse-la! C'est embêtant! elle n'a pas l'air d'aller chez sa seconde petite-fille!" dit le petit-gendre.

—"Moi non plus, je ne veux pas qu'elle reste, mais je ne suis pas capable de la chasser. Eh bien! dis-lui toi-même 'va-t-en!' "

—"Soit! faisons ainsi! Dès à présent, on va lui donner quelques victuailles, et du blé au lieu de riz!"

—"Bien! d'accord!"

En entendant ces voix, la grand-mère n'a plus envie de rester chez eux. La nuit même, la grand-mère quitte discrètement la maison. Elle était furieuse contre eux, plus que jamais envahie par un sentiment de solitude et de tristesse. Elle se met en route pour la demeure de sa seconde petite-fille, à cent lieues de là. Exténuée de fatigue, elle va par monts et par vaux, traversant les rivières, et se disant:

—"La seconde ne sera pas comme la première."

Le mari de la seconde était marchand de poissons. La vieille demande aux gens l'adresse. Les villageois répondent:

—"Ceux-là! Avares comme tout! La femme autant que l'homme! Inutile d'aller mendier chez eux!"

La vieille ne désespère pas:

—"Sans doute! Pour devenir riche, il faut bien être avare! Sinon, on ne deviendrait pas riche."

La grand-mère, parvenue devant un grand portail, appelle sa petite-fille par son nom. Réponse:

—"C'est sans doute un clochard. Chasse-le de suite! et plus vite que cela!" c'était une voix résonnante et claire de femme.

Le concierge sort, dit quelque chose comme:—"On ne donne rien, ici! Allez mendier ailleurs!"

La grand-mère prie le concierge de l'écouter: —"C'est bien la maison de ma seconde petite-fille. Je suis venue exprès! Il y a si longtemps que je ne l'ai pas vue! Laissez-moi la voir!"

—"Bon! attendez un peu!"

Le concierge rentre, la petite-fille sort très en colère:

—"C'est bien de venir me voir, mais, mamie, il faut porter des vêtements décents! Comme tu es sale! On va te prendre pour une clocharde! Entre, afin que je sauve ma face!"

Elle prenait la vieille presque pour une clocharde. Elles entrent. On donne à la grand-mère un cagibi au coin du couloir.

La grand-mère réfléchit: —"Je ne peux pas rester ici non plus. Je dois partir." Les deux jours passés chez sa seconde petite-fille, elle a été mal traitée. Le monde finit par la dégoûter. Ce soir-là, elle entend sa seconde petite-fille dire au gardien: —"Cette vieille dame était autrefois notre cuisinière." La grand-mère quitte la maison, sous prétexte d'aller voir quelqu'un. Le dernier endroit où elle doit aller, c'est la maison de sa troisième petite-fille:

—"Elle ne sera pas comme ses deux aînées!" Elle était son dernier espoir. Elle habitait loin. Le chemin à parcourir était dur et escarpé.

La grand-mère arrive à une colline d'où l'on pouvait apercevoir la maison de sa petite-fille. Alors, la fumée s'élevait de la cheminée de cette maison; c'était l'heure du dîner.

Tout en regardant cette chaumière, la grand-mère tombe d'épuisement. Elle ne peut plus se relever. Elle meurt.

La troisième petite-fille, qui ne savait rien de tout cela, rêve de sa grand-mère disant: —"Mes gamines, c'est ainsi que je meurs, car vous m'avez persécutée." L'apparition s'évanouit. La petite-fille se réveille de son cauchemar, avec une intuition funeste:

—"Elle a dû être persécutée par mes sœurs aînées, et venir jusqu'ici. Je dois aller l'accueillir."

Le matin, elle et son mari montent sur la colline derrière le village. Ils trouvent le cadavre de leur grand-mère. La petite-fille pleure —"Grand-mère, pardon, pardon!" Le couple sanglote longuement, accroupi. Ils enterrent la grand-mère dans un endroit ensoleillé.

Le printemps de l'année suivante, on trouva une fleur étrangère sur la tombe de la grand-mère. La tige était dirigée vers la maison de la petite-fille, comme la taille de la grand-mère, fléchie.

Le couple trouva cette fleur, un jour qu'il était allé couper les mauvaises herbes sur la tombe.

—"C'est la première fois que je vois cette fleur ; elle contient certainement l'âme de ma grand-mère. Les pétales ressemblent beaucoup aux cheveux gris de grand-mère. Et la tige se penche vers notre maison,'' dit-elle à son mari.

Depuis, on appelle cette fleur "fleur de grand-mère'', ou de mamie "halmi'' (*pulsatilla koreana*).

II. kəm tokki wa sɔi tokki

mon yes nal   conlapukto ili   ɔnə   maəl   e   han noŋpu ka sal-   ko
1. jadis jour   n.p.   n.p. certain village dans un paysan suj. vivre cont.

iss-ɔss ta   kə nən pom   kwa yɔləm e   nən noŋsa   ləl cis-
être pa. décl.//2. ce   th. printemps et   été dans th. agriculture acc. faire

ko kaəl   kwa kyɔul   e   nən   tokki lo namu ləl ccik-ɔ   caŋcak əl
cont. automne et hiver dans th. hache avec arbre acc. couper   . bois acc.

phal-a -sɔ   sal-a- ka- ssa -ta   mullon   nɔk-nɔk   ha-
vendre vl.part. vivre vl. aller pa. décl.//3. cela va sans dire/suffisant   V

n sɛŋhwal əl ha- l   su   nən   ɔps- ɔss- ci man   nəlk-   ən
rel. vie   acc. V rel.4 pot. th.   absent pa. nom. mais vieux rel.

noŋpu nən pyɔl- lo   pulphyɔŋ əl phum ci anh-ass-ta   kə nən
paysan th. spéciale-ment plainte   acc. cacher nom. neg. pa. décl.//4.   ce th.

maəm i palə- ko chak   hɛ-sɔ kə nal kə nal kulm- ci anh- ko
esprit suj.probe cont. modeste V part. ce jour ce jour /avoir faim/nom. neg. cont.

musa   hi sal-a- ka   nən kɔs man əlo mancok   hɛ-sstɔn-
abnégation adv. vivre vl. aller rel.1 nom. conc. par satisfaction   V rel.5

kɔs i- ta   ɔnə nal nəlk-ən noŋpu nən nal mata   ha -nən tɛlo
nom. être décl.//5.certain jour vieux rel. paysan th.jour chaque V   rel.1 selon

achim əl mɔk-ɔ ko tto san   əlo namu ləl ha-. lyɔko ka-ss -ta
déjeuner acc. manger cont. et montagne sur arbre acc. faire pour aller pa. décl.

khə- n yɔnmos ka [kaa] y-ɔss- ta   nəlk-ən noŋpu nən cike ləl
6.grand rel.mare bord   être pa. décl.//7. vieux rel. paysan th. hotte acc.

pathyɔ- ɔ   noh-ko yɔph- e anc- a- sɔ   kopaŋtɛ lo tampɛ ləl han tɛ
poser cont. laisser cont. côté à asseoir vl.part. pipe dans tabac acc. un coup

phi-   n   hu   e   chɔnchɔn-hi   ilɔna- sɔ   tokki lo   namu lǝl   ccik -ki
fumer rel. après à douce-   ment   se lever part.   hache avec   arbre acc.   couper nom.

sicak   hɛ-ss-ta   ccɔŋccɔŋ   ha-nǝn   tokki soli   nǝn   ulchaŋ   ha-n
commencer V pa. décl.//8. onomat.   V rel.1   hache bruit   th. luxuriant   V rel.

suphul   sok-e   ulɔŋcha-n   san   ullim ǝl.   ilǝkhy-ɔss-ta   nǝlk-ǝn
forêt dans à   retentir rel.3   montagne   écho   acc. produire pa. décl.//9. vieux rel.

noŋpu   ǝi   ima   e   nǝn   sap   sikan   e   kusǝl   ttam   i   mɛc-   hi
paysan   de front   sur   th.   court /espace de temps/en   perle   sueur   suj. produire passif

ko   sum   i   ssikǝnssikǝn   kappa-cyɔ- ss-ta   kǝ ǝi   him   e
cont.respiration suj. onomat.   essouflé dev. pa. décl.//10. ce de force   dans

alǝmtǝl·i   namu   ka   ttaŋ   ui- e   supu-ha-ke   tokki   pap   ǝl   thui-myɔ
2 brasses/arbre   suj.   terre   sur à   /tout plein/   hache aliments acc.   sauter quand

chacha   lo   hǝntǝlli- ki   sicak   ha-taka   iǝk-ko   uci-kkǝn   soli   lǝl
peu à peu/adv.   s'ébranler nom.   début   V dès que/   enfin   onomat.   bruit   acc.

nɛ-   myɔ   ssǝlɔcyɔ-   pɔlyɔ-   ss-ta   nǝlk- ǝn   noŋpu   nǝn   camkkan   hɔli
produire quand renverser s'abattre   pa.décl.// 11. vieux rel.   paysan th. moment   hanche

lǝl   phyɔ-   ko   son   patak   e   chim   ǝl   pɛth   -ǝn   hu   e   tto   tasi
acc. déplier cont.   bras bout   sur   salive   acc. cracher rel.3   après à   aussi /de nouveau
                      main

talǝn namu   e   tokki   cil   ǝl   sicak   hɛ-ss-ta   kǝlɔna   i   pon   namu   nǝn
autre arbre   à   hache   oeuvre   acc. commencer V pa.décl.// 12. mais   cette fois   arbre th.

ɔttɔhke   tantan   ha-n   ci   tokki   ka   thui- myɔ   ccik- ɔ-   cici   ka   anh-
comment   solide   V rel.   nom.   hache   suj. sauter quand couper   vl.   coupure   suj. neg.

ass-ta   myɔch   pon   ina   hɔs soncil   ǝl   ha-tɔn   nǝlk-ǝn   noŋpu   nǝn
pa. décl.// 13. plusieurs fois   même   ratage   acc. V rel.2   vieux rel.   paysan th.

kǝman   hwa   ka   pɔlkhɔk   na-sɔ   eik   ha- ko   soli   lǝl   chi-myɔ   him   ǝl
enfin   colère   suj. onomat. jaillir part.   onomat.V cont.bruit   crier quand force acc.
                                                              acc.

ta   ha-yɔ tokki lǝl huitull-ɔss-ta // kǝlɔna namu ka ccik- hi-   nǝn
toute V part. hache acc. brandir pa. décl. 14. mais arbre suj. couper passif rel.1

tɛsin   ttak   ha- ko tokki calu   ka pulɔci- myɔ   tokki nǝn
au lieu de/ onomat. 15. dire cont. hache manche suj. casser quand   hache th.

hɔkoŋ ǝlo nala- ka phuŋtɔŋ   ha-ko   yɔnmos ǝlo ppacyɔ- pɔlyɔ-ss-
air   dans voler partir onomat.//16. dire cont. lac   dans tomber choir pa.

ta // nǝlk-ǝn noŋpu nǝn nun aph   i   atɛk   hɛ-ss-ta   // tokki nǝn
décl. 17. vieux rel. paysan th. yeux devant suj. regarder-loin V pa. décl.18.hache th.

nǝlk-ǝn   noŋpu ǝi hana pakke ɔps- nǝn   mithchɔn   i ɔ-sstɔn kɔs i-
vieux rel. paysan de unique hors absent rel.1 fortune   suj. être rel.5 nom être

ta // noŋsa   lǝl cɔkǝm cis- nǝn   kɔs man   ǝlo nǝn   tocɔ-hi
décl. 19 culture acc. un peu cultiver rel.1   nom. seulement avec th. /pas du tout/

sal - a- ka- l- su ɔps- ko il   nyɔn ǝi cɔlpan ǝn tokki lo namu lǝl
vivre vl. aller rel.4/pot. absent cont. une année de moitié th. hache avec arbre acc.

ccik-ɔ phal-a- sɔ sal- a- ka -nǝn thɔ yɔ-ss-ta   // hana pakk e
couper vl.vendre vl.part. vivre vl. aller/rel.1/nom. être pa. décl. 20.   unique

ɔps-nǝn   kǝlɔn kuicuŋ ha-n   tokki lǝl yɔnmos e ppattǝlyɔ -ss-ǝ- ni
absent/rel.1/telle précieuse V rel. hache acc. lac dans laisser-tomber pa. puisque

nǝlk-ǝn noŋpu nǝn caŋcha sal- a - ka- l kil i ɔps- ɔ - sɔ silǝm
vieux rel. paysan th. avenir vivre vl. aller/rel.4/chemin suj. absent vl.part. espoir

ɔps- i yɔnmos ǝl pala- po- .taka   machimne thɔlssɔk cucɔ
absent susp. lac acc. contempler voir /tout en/ 21. enfin   onomat. /comme une masse/

anc- a- sɔ mok ǝl noh- a - ul- ki sicak hɛ-ss-ta // aikoaiko
asseoir vl. part. cou acc. lâcher vl. pleurer nom. début V pa. décl. 22. hélas!

nɛ tokki ya // hana pakke ɔps- nǝn   tokki lǝl kiph- ǝn yɔnmos e
ma hache hé! 23. une seulement absent rel.1 hache acc. profond rel. lac   dans

ppattəlyɔ - ss- ə-ni   i noləs   əl ɔttɔke ha   na
laisser-tomber pa. vl. puisque suj.métier acc. comment faire inter.fam.

Notes

1. cɔnlapukto 全羅北道   1. noŋpu 農夫   3. sɛŋhwal 生活

2. caŋcak 長斫   3. pyɔl 別   3.pulphyɔŋ 不平   4. musa 無私

4. mancok 満足   5. achim "(déjeuner)du matin"   6. hu 後

7. sicak 始作   8. sikan 時間   12. ccikɔci-ta "couper" ;   ccikɔci-ci
                                                          "coup-ure"

15. hɔkoŋ 虚空   19. cɔlpan 節半   19. noŋsa 農事   19. nyɔn 年

20. kuicuŋ 貴重   20. caŋcha 将次   21. pala-ta "regarder vers, souhaiter"

II. Hache d'or et hache de fer
Kəm tokki wa soi tokki

Il y avait jadis un paysan à Ili, dans la province de Cɔnla-pukto. Printemps et été, il cultive la terre, automne et hiver, il coupe du bois avec sa hache et le vend au marché. Il ne gagne pas bien sa vie, mais il vit quand même, ce vieux paysan, sans se plaindre. Honnête, il se contente de vivre au jour le jour.

Un jour, comme de coutume, il va en montagne couper du bois. Il arrive au bord d'un grand lac. Il appuie à terre sa hotte en bois (cike[1]), s'assied à côté, fume un coup. Il commence son travail d'abattage.

Ccɔŋccɔŋ, le bruit des coups résonne dans la montagne. Le vieux paysan transpire, de grosses gouttes à son front; il est tout essouflé ssiken-ssiken. Sous les coups répétés, un grand arbre s'ébranle, et enfin s'abat avec un bruit terrible. Le vieux paysan se redresse un moment. Pour que la hache ne glisse pas, il crache dans ses mains, et se met à tailler l'autre arbre. Celui-ci est si dur que la hache rebondit. Après quelques coups, le vieux paysan se met en colère: ehig il brandit sa hache de toutes ses forces. Mais au lieu d'entailler l'arbre, le manche de la hache se casse, la hache rebondit en l'air et tombe dans le lac avec ce bruit puŋtɔŋ. Le vieux paysan désespère: tout devient noir devant ses yeux. (Il voit tout en noir.)

La hache, c'était sa seule fortune. La culture de la terre ne suffisant pas, il vivait de la vente du bois durant la moitié de l'an. Son unique hache, si précieuse, dans le lac! Il ne voit aucun moyen de survie, il regarde le lac désespérément, il s'assoit, se met à pleurer tristement: aïgo aïgo, ma hache! Que faire? Mon unique hache est tombée dans le lac!

Il pleure longtemps, les jambes étalées. Soudain, des vagues se forment à la surface du lac. Alors, un vieillard[2] grâcieux, la barbe blanche descendant aux genoux, surgit, dit:

—"Regarde-moi, paysan!" Ce vieillard a un sourire affectueux. Le paysan aussitôt se prosterne. Il entend:

—"Je suis venu pour t'aider, toi qui pleures si lamentablement!"

Le vieux paysan met ses mains sur sa poitrine, raconte d'une voix tremblante son malheur en détail.

—"Ha! vraiment pas de chance! Eh bien! regarde-cela" dit le vieillard en présentant les deux haches qu'il avait derrière le dos. L'une était la hache au manche brisé, l'autre une hache d'or brillant au soleil.

—"Prends la tienne, entre ces deux-là."

Le vieux paysan montre aussitôt du doigt la vieille hache au manche brisé:- "La mienne, c'est celle au manche brisé."

—"Ha! tu as le cœur honnête!" Le vieillard passe la hache de fer au paysan. Il a l'air content de l'honnêteté du paysan.

Le vieillard une fois disparu, le paysan adapte un nouveau manche et se remet à travailler. Il assène des coups de hache avec force et soin: *ssiŋ*! L'écho résonne dans la montagne. Mais surprise! Des pièces d'or surgissent *calələ* de l'arbre! Elles brillent au soleil.

—"Oh! des pièces d'or qui sortent de l'arbre!" Débordant de joie, le paysan donne et redonne des coups de hache. A chaque fois, il sort des pièces d'or. Le paysan rentre chez lui, la hotte *cike* pleine de pièces d'or. Le voilà riche.

La rumeur se répand dans les autres villages. Un paysan du village voisin vient lui demander comment il est devenu riche. Ce paysan était cupide et malhonnête. Le vieux paysan raconte son histoire en détail.

Le paysan du village voisin va au bord du lac, donne des coups de hache sur un arbre, laisse exprès tomber la hache dans le lac. Alors, il pleure *ɔŋɔŋ* les jambes étalées. Du moins il essaye; les larmes ne lui venant pas, il a les yeux secs *pposoŋ-pposoŋ*. Au bout de quelques instants, un vieillard surgit soudain à la surface du lac, et lui montre deux haches:

—"Laquelle est la tienne?"

L'une était la hache juste engloutie, l'autre était en or, brillant. Le

paysan montre du doigt la hache d'or. Le vieillard, sans piper mot, lui
passe la hache d'or.

Le paysan, débordant de joie, court vers la forêt, commence à donner
des coups de hache au plus grand arbre: *ccəŋ*!

Mais, surprise! Ce sont des serpents, petits et grands, qui sortent de
l'arbre! Tous, ils surgissent, la langue rouge pointée, et tous ensemble,
ils attaquent le paysan. Il s'enfuit comme s'il demandait à ses jambes de
le sauver.

III. pak kwɔn-noŋ əi atəl 朴 勸 農 의 아들

imcin oɛlan i ilɔna- ki   cikcɔn   pak kwɔn-noŋ ila-n   salam i
1592   suj. advenir nom./juste avant/nom de personne/ cit. th. homme suj.

toŋlɛ e sal- ass-ta   kə nən nuku əi cip   ina   kali-   ci- anh-
top. à vivre pa. décl. 2. ce th. quiconque de maison quelque choisir nom.   neg.

ko il   əl kɔtəl- ɔ- cu-   ko   sal- a- ka-   nən   halu   sali əi
cont. travail acc. aider vl. donner cont. vivre vl. aller rel.1 /un jour/vie de

pichɔn   ha-n   mom i   i-ɔss- ta   nɛil   əl   ui   ha-n
basse classe/   V rel. corps suj. être pa. décl. 3. demain acc. pour V rel.

kkum ilako -n   sonthop manchi to ɔps-nən   pak kwɔn-noŋ eke-n   oloci
rêve cit.   th.   ongle   comme même absent rel.1   n.p.   pour th. seul

sul man   i   pos-i-ɔss-ta   ɔnə nal manchui ha-n kə nən cip
alcool seulement suj. ami être pa. décl. 4.certain jour ivre V rel. ce th. maison

əlo tola- ka- nən   tocuŋ   e   minamtoŋ əl cina   sɔchɔn kyo e
vers revenir aller rel.1 /en chemin/à top.   acc. passer top.   pont à

tatala- ssəltɛ n sul e iki - ci mos   hɛ-sɔ   əisik   i
atteindre moment th. alcool par vaincre nom. /neg.pot./ V part. conscience suj.

ɔps-   ɔ- cyɔ- ss-ta   kə nən tətiɔ kaŋ   pyɔn əi molɛ
absent vl. devenir pa. décl. 5. ce th. enfin fleuve bord de sablonneux

path e ssələcyɔ kiph-ən cam i   təl- ɔss- ta   ɔlmatwi
terrain sur s'écroulant profond rel. sommeil suj. entrer pa. décl. 6. peu après

kiph-ən cam sok e ppaci-n kwɔn-noŋ əl həntəl-ɔ kkɛu - nən
profond rel. sommeil dans tombé rel. n.p.   acc. secouer inf. éveiller rel.1

salam i iss-ɔss- ta   pak kwɔn-noŋ i nun əl ttɔ - po- ni   kɔmcɔŋ
homme suj. être pa. décl. 7. n.p.   suj. yeux acc. ouvrir voir quand noir

os   əl   ip-   ən   sanai   ka   caki   əi   os   əl   pɔs- ki   ko   iss-
habit acc.vêtir rel. homme suj. soi-même de habits acc. ôter caus. cont. être

nən   kɔs   i-ɔss-ta   kə sanai nən   totuk i-ɔsstɔn   kɔs
rel.1 nom. être pa. décl. 8.   cet homme th. voleur être rel.5 nom.

i -ta   totuk ən   namlu   ha-n   pak kwɔn-nоŋ əi paci   cɔkoli
être décl. 9.   voleur th. /en haillons/V rel. n.p.   de pantalon veste

kkaci motu   pɔskyɔ-ka - l   cakcɔŋ i- n   təs   hɛ-ss-ta   i
même   tout   ôter aller rel.4 décision être rel. intention V pa. décl. 10. ce

ttɛ   yɔkmacha ləl tha- ko   i   kos   əl   sunchal   ha-tɔn   sunlakun i
temps diligence acc. monter cont. ce lieu acc. patrouiller V rel.2 policier suj.

i kwaŋkyɔŋ əl palkyɔn hɛ-ss-ta   kə kos e iss-nən   ca-nən   nuku
ce spectacle acc. découvrir V pa. décl. 11. ce lieu à être rel.1 dormir rel.1 qui

nya   pak kwɔn-noŋ i ani- nya   i pam cuŋ e muɔs əl   ha- ko
? 12. n.p.   suj. neg. ? 13. cette nuit dans à quoi acc. faire cont.

iss- nə- nya   sunlakun i soli chyɔ-ss-ta   kəlɔna pak kwɔn-noŋ
être rel. ? 14.   policier suj. bruit frapper pa. décl. 15. mais   n.p.

ən i pun   ən uli   maəl   e sa-nən   salam i o- p - ni- ta
th. ce homme   th. notre village à vivre rel.1 homme suj. être poli. ind. décl.

soin   i sul   e chui   hɛ-ss- ki   e cɔ ləl cip   kkaci ɔp-
je(humble)suj. alcool par ivre V pa. nom. par moi acc. maison jusque porter

ko   ka- lyɔko ha- nən cuŋ i- p- ni- ta ha- ko tɛtap
cont. aller pour V rel.1 /en train/être poli ind. décl. dire cont.répondre

hɛ-ss-ta
V pa. décl.

Notes

1. imcin "I592, invasion de la Corée par Hideyoshi" 壬辰

1. cikcɔn 直前	1. toŋlε 東來	3. nεil 來日
3. ui 燕	9. cakcɔn 作定	IO. yɔkmacha 驛馬車
10. sunchal 巡察	10. kwaŋkyɔŋ 光景	10. paIkyɔn 發見
16. soin 小人	16. tεtap 對答	
4. manchui 滿酒	4. tocuŋ 道中	4. minamtoŋ 美南洞
4. sɔchɔn-kyo 阠川橋	4. əisik 意識	5. kaŋ-pyɔn 江邊
7. caki 自己	7. sanai "homme, mâle "	salam "homme, personne, Mensch"

III. Le fils de Pak Kwɔn-noŋ
Pak Kwɔn-noŋ əi atəl

Juste avant l'invasion de la Corée par Hideyoshi (1592), Pak Kuɔn-noŋ vivait à Toŋlɛ. C'était un homme de condition inférieure, louant ses bras à n'importe qui, pour gagner sa vie. Il s'inquiétait du lendemain comme d'une rognure d'ongle, n'avait qu'un seul ami: l'alcool. Un jour, plein d'ivresse, en chemin vers sa demeure, au moment où il atteignait le pont de Sɔchon à Minamtoŋ, vaincu par l'alcool, il s'évanouit, s'effondra en terrain sablonneux, au bord du fleuve, tomba dans un profond sommeil. Peu après, un homme le secouait et l'éveillait. Ouvrant l'œil, Pak vit un individu de noir vêtu, qui s'efforçait de lui ôter ses propres vêtements: un voleur. Ce minable voulait enlever à Pak les haillons qui lui servaient de pantalon et de veste. A ce moment, une carriole de police passa. L'agent, découvrant ce spectacle:

—"Qui est ce type qui dort? Ne serait-ce pas Pak? Que fait-il? Et celui-là, que fait-il en pleine nuit?" Pak répond:

—"Cette personne est un homme de mon village. Comme j'étais pris de vin, il était en train de me mettre sur son dos pour me porter chez moi." Alors, le flic lui dit, en partant:

—"Dans ce cas, fais bien attention; allez! va!"

Le voleur, ému, remercie Pak: —"Si vous aviez dit que j'étais un voleur, vous seriez mort de ma main!" et rejette la pierre qu'il avait saisie (pour tuer Pak). Et il reprend:

—"Je vous charge sur mon dos et je vous porte jusque chez vous."

Arrivé à la maison, Pak conduit le voleur dans la chambre, lui offre un repas. Le voleur commence par refuser, Pak insiste:

—"Je n'ai pas de fils, soyez mon fils adoptif." Le voleur réfléchit,

78

puis: —"Soit! je vous considère comme mon père!"

Quelques jours plus tard, en pleine nuit, le fils-adoptif-voleur vient en visite chez Pak:

—"Père, je ne vous dérange pas? J'ai caché dans la colline de Kupho Mantɔk deux cents *liaŋ* d'argent; cette nuit, transportez-les chez vous, et usez-en pour les dépenses du ménage!"

Pak lui oppose un refus courtois; mais il ne peut résister à la cordialité du fils-adoptif, va prendre l'argent. Dès lors, Pak vit dans l'opulence. La révolte de 1592 une fois terminée, le fils de Pak, qui avait fui à Sokli, revient à Tonglɛ. Alors, chez les Kim de Sotoŋ, des richards, il y avait une fille ayant en guise de visage une calebasse; juste un trou pour la bouche; elle soufflait comme un monstre. Les parents, ne pouvant caser leur fille, étaient très anxieux. Mais le fils de Pak demande cette vieille fille laissée pour compte, en mariage. Pour sûr, que les parents, fous de joie, acceptent.

Le jour des noces, le jeune marié, à l'aide d'un bout de bambou taillé en couteau, pèle (comme une écorce) le visage de la jeune mariée et arrache son masque. Apparaît la plus belle fille du monde.

Depuis, les époux s'entendent à merveille. Les descendants de M. Pak, plus encore que Kim, jouissent d'un pouvoir et d'une gloire admirables. Voilà ce qu'on raconte.

DEVINETTES JAPONAISES

La devinette se compose de trois parties. La solution (le point
commun, littéralement **kokoro** "le coeur") vient en dernier).

1	to kakete 2	to toku kokoro wa 3
Seijûrô no uwaki Amours de Seijûrô	shinrekigo fuji no hanazakari pleine floraison des glycines	natsuki ni kakaru - l'été vient - il pense à Natsuki
soko no nuketa chôchin lanterne sans fond	ri o motte hi ni ochita hito un être raisonnable tombe dans l'erreur	akari ga taranu la lumière ne suffit pas
chiisa na kimono petit kimono	shamisen hiki on gratte le shamisen	tsuntsuruten - vêtement trop étriqué - bruit du shamisen
chaya onna femme de cabaret	ha no kaketa geta socque à laquelle il manque une "dent"	korobi sô da - elle va tomber - se prostitue facilement
chaya onna no kôjo message oral d'une femme de cabaret	yamabuki no hana fleur de Kerria	mi ga nai - pas de fruit - pas de sincérité
chajin no suku mono ce qu'aime le maître du thé	moto wa kagema -ex-prostitué mâle	kama ga furui -la marmite est vieille
tsuyu no hideri sécheresse à la saison des pluies	tsutome no ii jorô courtisane sérieuse dans son travail	furu hazu o furanu - il devrait pleuvoir mais il ne pleut pas - elle ne refuse personne
tengu no men masque de tengu	usotsuki no meijin menteur champion	ma gao - visage sérieux (vrai) - visage diabolique
to ishi meule à aiguiser	hôtô musuko fils débauché	kane o herasu - perdre de l'argent - limer le métal

tôrai no kashiori boîtes de pâtisseries apportées ou envoyées en cadeau	sakura cerisiers (fleurs)	hirakanu uchi ga yoshi c'est bon avant que ça s'ouvre
naku ko ni chichi à l'enfant pleurant, les tétons	tate mae amuse-gueule et sake servis avant de dres- ser les murs	nomasanya naranu il faut abreuver
dobato pigeon	tsukumogami cheveux blancs des vieilles	toshiyori koi - venez les vieux ! - cri du pigeon
tôrô nagashi faire dériver les lanternes (fête)	rongi no hottan début des discussions	kototoi ga moto - poser des questions - on commence sur le pont Kototoi-bashi
naniwa e asagiri à Osaka brume matinale	yûrei fantôme	ashi ga mienu - on ne voit pas les roseaux - on ne voit pas ses pieds
nagaya no setchin latrines en commun, de maisons ouvrières	ikamonoshi no akindo marchand rusé	iro iro na shiri ga kuru - toutes sortes de culs (ou plaintes) viennent
ni uma cheval de somme	baasan no heso-kuri tirelire secrète de la grand-mère	mago ni tsukawaruru - le petit-fils (ou le conduc- teur de cheval) s'en servira
namoshirenu seiyô shû alcool occidental (c.à.d. inconnu)	geko no ichiza groupe des non-buveurs	nomite ga nai pas de buveur
neko no kawa peau de chat (recouvrant la caisse du shamisen)	mottainai koto shita hito personne ayant commis une indélicatesse	izure nochi ni wa bachi ga ataru tôt ou tard, il sera battu du plectre (ou subira un châtiment)
neko to inu no kowa iro ton de voix du chat et du chien	deko suke ni jûfuku vêtement occidental mal foutu	niyawan niyawan - ça ne lui va pas - miaou + ouah-ouah

Le ressort de ces vingt devinettes repose sur l'homonymie, ou sur la polysémie du **kokoro** "le coeur commun" aux deux premiers éléments:

1) *Homonymies* :

mi "fruit, vérité"
natsuki "nom de l'amante de Seijûro"; ou: "l'été vient"
tsuntsuruten ; **toshiyorikoi** ; **nyawan** sont trois onomatopées indiquant le bruit du
shamisen, le cri du pigeon et l'amalgame des cris du chat et du chien[1].
furu signifie "pleuvoir" ou "faire un geste de refus" (la prostituée accepte les
clients même les plus infects)
ma "vrai, démon"
ashi "roseau, pied"
bachi "plectre, punition".

2) *Polysémie* :

La devinette joue sur l'ambiguité entre sens propre et figuré.
kama "marmite": le maître du thé préfère les vieilles bouilloires; l'inverti à la
retraite a une vieille "marmite"; en français, on connait le proverbe: "c'est dans
les vieilles marmites qu'on fait les meilleures soupes."
akari est la lumière de la lanterne ou de l'intelligence
korobu "tomber" est aussi "fauter"
kane est le métal jaune (or) ou banal.

Les devinettes ne jouant pas sur homonymie ou polysémie jouent en fait sur
une variation de l'objet ou du sujet d'un verbe, des circonstances d'un procès:

- abreuver de lait un bébé qui pleure; abreuver les voisins et la famille venus
à la cérémonie du **tatemae** : les fondations de la nouvelles maison ont été plantées:
une collation et du **sake** vont être servis

- **hiraku** "ouvrir" s'empoie pour les fleurs (s'épanouir) ou pour des objets ordi-
naires; les paquets apportés en cadeau sont souvent pourvus d'emballages magnifi-
ques, le contenu souvent est vil, sans valeur, dérisoire.

---

[1] Le chat japonais fait "niaou !" et le chien "wan-wan !"

TROIS CONTES BIRMANS

par Denise Bernot

I.- Victime de sa cupidité

II.- Un rictus de souffrance pris pour un rire

III.- Paroles (incroyables) qu'il faut croire : Galéjades

- traduction
- abréviations
- mot-à-mot

NB. Les abréviations, la transcription et la traduction du conte intitulé
Galéjades sont dus à M.Coyaud, sous la direction de D. Bernot. La trans-
cription adoptée suit de près celle de D. Bernot, avec quelques divergences.
L'assignation de catégories grammaticales n'est pas toujours approuvée
par D. Bernot. Les erreurs ne lui sont pas imputables.
   Le texte original des contes I et III est annexé.

I. Victime de sa cupidité

Jadis un marchand de vans, homme fort simple et fort honnête, et un marchand de pâte de pois fermentée se lièrent et firent, dans le même bateau, la tournée des villages, au lac Inlé, pour écouler leur marchandise.

Le marchand de pâte de pois pagayait à l'avant, et le marchand de vans à l'arrière; ainsi allaient-ils vendre de village en village. A la tombée du jour, ils trouvaient abri et logement dans un monastère, ou chez quelque vieille connaissance, quelque vieil ami; puis à l'aube reprenaient leur tournée.

Bien qu'ils fissent la même tournée, embarqués sur le même bateau, ils n'avaient pas du tout la même personnalité. Le marchand de pâte de pois était aussi cupide que paresseux. Il n'avait nulle bonté, nulle charité dans l'âme. Il cherchait à exploiter son prochain, à le dominer.

Au contraire le marchand de vans était honnête, compatissant envers son prochain. Son âme était bonne et aimante. Il était plein de mansué-tude.

Aussi, quand ils arrivaient quelque part, au moment des préparatifs culinaires, était-ce toujours le marchand de vans qui devait s'en acquit-ter ; le marchand de pâte de pois, lui, esquivait la corvée sous un prétexte quelconque.

Le marchand de vans savait bien que l'autre n'avait pas une belle âme, mais comme cet autre était le propriétaire du bateau, il était son obligé et n'osait rien dire, évidemment.

Un jour, comme le crépuscule était venu alors qu'ils vendaient de village en village, faisant route sur leur bateau, et qu'ils avaient atteint un endroit où ils n'avaient pas de connaissance chez qui descendre, ils pagayèrent jusqu'au monastère situé au bout du village, avec le projet d'y loger. Une fois arrivés au monastère, ils se présentèrent au bonze et lui demandèrent l'autorisation de dormir là, pour une nuit.

Le bonze leur répondit alors : "une nuit, ce n'est guère ! A côté du monastère se trouve un oratoire où vous pourrez loger tant que vous voudrez ; faites la cuisine, mangez, bien sûr ! Ce dont vous aurez besoin pour fricasser, bouillir, demandez-le au bedeau. Comme le village est grand, comment vous en sortirez-vous en une seule journée, mes enfants(1)? Ne vous gênez pas, même si vous devez passer deux, trois jours à vendre".

Conformément à l'invite du bonze, les deux marchands décidèrent de rester là deux ou trois nuits.

Il n'y avait au monastère qu'un bonze et un bedeau, et le monastère
était grand. Son enceinte aussi était propre, bien tenue et vaste. Dans
cette enceinte, à côté d'un petit jedi, se trouvait un grand oratoire,
immense même ; le jedi n'était pas entouré d'autres jedis; flanquant son
porche d'entrée, côté est, se dressaient deux statues d'éléphant, en
stuc, qui étaient destinées à recevoir des rebuts : fleurs flétries,
restes de nourriture offerte . Ces statues arrivaient à hauteur d'une
taille d'homme et elles étaient bien proportionnées (2).

Quand ils allèrent se coucher dans l'oratoire, la nuit venue, le
marchand de vans fit ses dévotions au Bouddha, récita ses prières, en
partagea équitablement et charitablement le bénéfice, puis alla dormir.
Son compagnon était déjà endormi à ce moment-là.

A minuit, à peu près, le marchand de vans s'éveilla après un somme;
fumant sa pipe, il regarda du côté du gracieux jedi, éclairé par la
lumière blanche de la lune. Il s'aperçut alors qu'une des deux statues
d'éléphant, à côté du porche, avait disparu. Le marchand se dit que
c'était bien étrange ; il s'en alla regarder, avec de grands yeux,
l'emplacement de la statue. Quand il se fut assuré que, sans erreur
possible, la statue d'éléphant était réellement disparue, son étonnement
redoubla. Ainsi frappé de stupéfaction, il repartit se coucher, mais
tout en se tournant et se retournant, il ne pouvait s'empêcher de revoir
en pensée l'emplacement de la statue disparue. Incapable de dormir, à
cause de cette obsession, il restait étendu, puis à l'approche de l'aube,
quand la clarté revint, en même temps qu'une brise légère s'élevait de
l'est, il vit revenir à sa place habituelle, après une lente descente du
ciel, le fameux éléphant.

Le marchand de vans, témoin d'un événement incroyable en ce monde,
n'en parla à personne : ce n'était pas possible encore. Décidé à vérifier
par lui-même jusqu'à ce qu'il soit sûr de son fait, il dit à son compagnon,
quand il fit jour, de partir seul, et qu'il ne l'accompagnerait pas au
village parce qu'il ne se sentait pas bien.

Alors, le marchand de pâte de pois accepta qu'il reste, dans ces
conditions, et l'avertit qu'il reviendrait seulement pour dîner, lui
recommandant de tenir le repas prêt, puis il s'en alla, portant son panier de pâte de pois.

Quand il fut parti, l'autre alla trouver le bedeau. Il avait à
l'interroger sur ce qu'il voulait savoir.

Ce dernier lui répondit qu'il était bedeau dans ce monastère depuis
que l'actuel bonze y était installé, et que cela pouvait faire quarante
ans , que le bonze avait toujours pratiqué l'alchimie ; que tous les
dons qu'il recevaient étaient engloutis par sa quête alchimique, que,

par ailleurs , lorsque sa pierre philosophale était réputée avoir atteint le maximum de puissance, des alchimistes, des bonzes, des ermites, venaient, en parlaient sans cesse, mais que depuis un ou deux ans, découragé pour une raison inconnue, le bonze ne pratiquait plus du tout l'alchimie et n'allait même plus jusqu'à la pièce abritant son athanor.

Comme le marchand demandait, à tout hasard, si le bonze ne s'était pas découragé parce qu'il aurait perdu sa pierre philosophale, l'autre lui expliqua que c'était impossible car il travaillait à la transmutation, tant et tant que sa pierre était toute la journée dans l'athanor, et que même lorsqu'il se reposait, il ne la tirait de ce lieu sûr que pour l'enfouir dans le noeud de sa ceinture. D'après ce qu'il avait entendu dire, la pierre avait déjà révélé un certain pouvoir, mais comme elle n'avait pas pu aboutir à la transmutation en or et pierres précieuses, le bonze l'avait cachée, et c'était le repos.

Après ces explications, le marchand ne poursuivit pas son enquête sur le bonze, mais demanda de quel donateur les deux éléphants du porche étaient l'offrande.

Le bedeau lui répondit alors que celui de droite avait été offert par la mère du bonze, et que celui de gauche était un don collectif des fidèles.

La conversation entre eux se termina là-dessus, et le marchand retourna à l'oratoire. L'éléphant de droite, offert par la mère du bonze, était précisément celui qui, la nuit dernière, avait disparu, puis était redescendu du ciel. Le marchand se dit qu'il allait se débrouiller cette nuit-même pour savoir où allait l'éléphant.

En fin d'après-midi, alors que le marchand de vans finissait de préparer le repas, le marchand de pâte de pois revint du village. Le premier marchand mit le riz sur la table et servit l'autre. Naturellement, l'autre était tout épanoui de n'avoir qu'à déguster, après s'être lavé les mains, le repas qu'on lui tenait prêt.

Ils allèrent se coucher à la tombée de la nuit, et le marchand de vans épia le moment où son collègue serait endormi. Quand ce dernier eût sombré dans le sommeil : à l'heure où la tête des vieux dodeline, où le coq chante (3), il prit sa chère couverture et, grimpant sur le dos de l'éléphant momentanément disparu le veille, il y demeura assis.

Peu après qu'il se fût ainsi installé, voici que notre statue, s'ébranlant progressivement, se mit à s'élever vers le ciel. Le marchand se cramponna alors au cou de l'éléphant pour ne pas tomber. Après un lent départ, l'éléphant accéléra son allure ; à une très grande vitesse, il se déplaça vers un endroit impossible à déterminer, même approximativement. Plus que jamais, le marchand étreignait son cou.

Après avoir ainsi voyagé le temps d'une chique de bétel (4), l'allure de l'éléphant se ralentit et il amorça sa descente au sol.

La surface que le marchand pouvait distinguer,grâce à la lumière de la lune et des étoiles,était une étendue de sable et sur toute cette étendue on pouvait apercevoir des endroits brillant d'un éclat aveuglant. Au moment où l'éléphant toucha ce sol, un objet très brillant jaillit de son oeil droit, et l'on put voir cette chose se déplacer de l'une à l'autre des pierres précieuses étincelantes qui jonchaient le sol.

Là-dessus, voilà le marchand qui descend de l'éléphant, ramasse à toute allure les joyaux les plus proches, et met dans sa couverture tout ce qu'il a ramassé. Cela fait, il remonte s'asseoir sur l'éléphant. Un instant après qu'il se fût assis, au moment même où il vit un objet extrêmement brillant, gros comme un oeuf de poule, venir s'introduire dans l'oeil droit de l'éléphant, il sentit que ce dernier, d'un mouvement spontané, s'élevait vers le ciel. A cette constatation, il enserra et ne lâcha plus le cou de l'animal. Après un lent démarrage, l'éléphant accéléra sa montée. Puis la vitesse décrut de nouveau et il amorça une lente descente. Finalement, il s'arrêta à sa place, sur le côté du porche d'accès au jedi.

Alors le marchand, tout joyeux, descendit de sa monture et rentra à l'oratoire. Brave homme comme il était, il réveilla l'autre marchand endormi, considérant que c'était son associé en affaires. Ceci fait, comme il lui avait montré les joyaux, il les partagea avec lui en lui racontant toute l'affaire.

Après le partage, le marchand de pâte de pois, au lieu d'être satisfait, dit à l'autre, d'une voix chargée de reproche, qu'il aurait dû lui parler avant de partir, et que s'ils y avaient été ensemble, ils en auraient ramené deux fois plus.

A ces mots, son compagnon, peu convaincu que de n'avoir pas parlé plus tôt fût une faute si grande, lui répondit de ne pas se faire tant de souci, qu'il était encore temps, puisque le soir même, il pouvait l'accompagner, s'il le voulait, et que même s'il ne l'accompagnait pas, il partageraient encore le butin rapporté.

L'autre protesta à l'idée de rester encore là au lieu d'être du voyage : du moment qu'il pouvait se choisir lui-même ce qui lui plaisait, la question ne se posait même pas.

Toute la journée, les deux marchands, exultant, examinèrent un à un leurs joyaux. Même dans cette euphorie, le marchand de pâte de pois était hanté par l'idée que, la nuit venue, puisqu'il irait lui-même là-bas, il pourrait s'arranger pour ramener plus de pierres que son compagnon, que si l'autre en ramenait un demi panier, lui en ramasserait un entier.

Donc, à la nuit tombée, les deux hommes, munis chacun de leur chère couverture, montèrent sur le dos de l'éléphant. Tandis qu'ils y étaient assis, à l'heure où dodelinent les têtes chenues, où chante le coq, l'animal commença à bouger lentement, quitta le sol et s'éleva vers le ciel. Après une ascension d'abord lente, on put le voir filer à une vitesse de plus en plus vertigineuse. Les deux hommes se cramponnaient à son cou, de peur d'être largués et de tomber. Le temps de mâcher une chique de bétel, et l'éléphant, ralentissant, amorçait sa descente. Tout doucement il vint se poser sur le sol.

Sautant de sa monture à l'instant même où les pattes de celle-ci touchaient terre, le marchand de pâte de pois se mit à ramasser des pierres, choisissant toutes les plus grosses, celles qui paraissaient bonnes, d'une belle eau. Il ne prit pas garde que cette façon de sélectionner son butin l'entraînait progressivement de plus en plus loin de l'éléphant. Il n'y attacha aucune importance. Il ne sut même pas combien de temps il avait marché, entraîné par une cupidité effrénée. Quand il se souvint de l'éléphant, lorsque sa couverture fut presque pleine, celui-ci avait déjà quitté le sol et montait lentement vers le ciel. Il eut beau, jetant sa couverture, courir à perdre haleine pour essayer de l'attraper : peine perdue ... il était abandonné là.

Quant au marchand de vans son compagnon , il s'était dépêché de ramasser des pierres précieuses quand l'éléphant s'était immobilisé, puis, les ayant empaquetées, était remonté s'asseoir sur le dos de l'animal ; aussi avait-il pu repartir avec lui.

Quand le jour revint, pensant qu'il fallait raconter l'affaire au bonze, il se rendit à la pagode et narra par le menu les évènements de ces deux journées ; il montra les pierres et termina en disant que son compagnon était resté là-bas.

Après que le bonze eût écouté très attentivement tout le récit du marchand, il déclara que c était clair, qu'il irait là-bas le soir même et pria le marchand de rester avec le bedeau pour garder le monastère. Il ajouta que lui-même irait chercher le marchand de pâte de pois, et que l'éléphant se mouvait par la vertu de sa pierre philosophale, puisqu'il avait caché celle-ci dans l'oeil droit de la statue. Il reconnut que le récit du marchand l'avait renseigné sur le pouvoir de sa pierre philosophale, pouvoir qu'il ignorait jusqu'alors. Il l'emporterait d'ailleurs cette nuit et s'arrangerait pour qu'elle se charge d'une puissance maximale. Il pria derechef le marchand de garder le monastère en son absence, tandis qu'il allait s'efforcer de donner à sa pierre un pouvoir surnaturel dont tous trois : les deux marchands et lui, benéficieraient. Ce discours fini, ils attendirent la nuit.

Le marchand de pâte de pois, abandonné seul sur son banc de sable après le départ de l'éléphant, tremblait de peur. Finalement il se dit que l'éléphant reviendrait probablement la nuit suivante, et qu'alors il pourrair repartir avec lui. Cette pensée le calma et il alla s'asseoir près du ballot de joyaux qu'il avait jeté.

Tandis qu'il était là, assis, un vieillard aux vêtements d'un blanc immaculé apparut devant lui. Il lui dit : "Mon cher, c'est là un endroit bien dangereux pour un être humain. Il est fréquenté à tout moment par plusieurs sortes d'êtres maléfiques comme les sorcières, les fantômes, par toutes sortes d'ogresses et de génies malfaisants. Si tu es arrivé jusqu'ici, c'est par le pouvoir d'une pierre philosophale ; celle qui appartient au bonze du monastère où tu loges. Quand tu seras de retour à ce monastère, informe le bonze de cela.

Si cette pierre se nourrit encore une fois de joyaux, elle atteindra au pouvoir suprême, elle deviendra toute puissante. Mais si son propriétaire n'est pas là à ce moment-là, les sorcières, démons etc ... s'en empareront. Aussi, lorsque tu seras de retour là-bas, donne au bonze les pierres que tu auras ramenées, pour que, retirant sa pierre philosophale de l'oeil de l'éléphant, il lui donne ces joyaux en pâture, et dis lui de préparer la voie de la toute-puissance.

Et puis, je vais élever une barrière contre les grands dangers qui infestent cet endroit. Mon cher, ne franchis plus cette barrière, pas avant qu'il ne fasse nuit". Après cet avertissement, le vieillard traça un cercle sur le sable, avec une baguette, tout autour du marchand, puis il s'en alla.

Sachant désormais, après avoir entendu les paroles du vieux, qu'il pourrait s'en retourner avec l'éléphant, le marchand était content.

Après ce moment de joie, à la vue des joyaux étincelant si joliment aux rayons du soleil, sur le sable devant lui, vue dant il ne pouvait rassasier son regard, la concupiscence s'empara de nouveau de lui.

Et jetant les joyaux empaquetés dans la couverture, il se remit à ramasser tous ceux qui lui paraissaient les plus beaux, les plus précieux. Et le voilà qui, entraîné par sa convoitise, sort insensiblement du cercle protecteur. Il ne s'en souvient plus, d'ailleurs il s'en moque, l'attraction des pierres est la plus forte.

A force d'aller toujours plus loin, toujours plus loin, pour ramasser les pierres, il atteignit une dune de sable et rencontra alors une très jolie jeune femme. Celle-ci l'appelait, faisant des mines séduisantes, et lui, perdant la tête, la suivit. Finalement, l'ogresse cachée sous l'apparence de cette femme ravissante ne fit qu'une bouchée du marchand.

Ce soir-là, à la tombée de la nuit, le bonze s'installa sur le dos de l'éléphant. Il attendit l'heure où les têtes chenues dodelinent, et à l'heure dite, l'éléphant s'envola comme d'habitude, vers le ciel, selon le trajet habituel, le bonze sur son dos, cramponné à son cou. Quand

il descendit en atteignant la grande étendue sablonneuse, le bonze chercha le marchand de pâte de pois mais ne le trouva pas. Puis, comme il ne
pouvait perdre son temps, il empaqueta dans sa robe les joyaux abandonnés
par le marchand et remonta sur l'éléphant.

A l'heure où l'éléphant revenait d'habitude, le bonze et sa monture
se retrouvèrent devant le jedi, dans l'enceinte du monastère, et le
bonze retira sa pierre philosophale de l'oeil de l'animal. Ensuite,
après les préparatifs magiques, il lui fit absorber les joyaux qu'il
avait rapportés. Ainsi nourrie, la pierre fut dotée d'un pouvoir extraordinaire, d'une puissance suprême.

Après ce succès, le bonze put assurer au marchand de vans une existence heureuse jusqu'à la fin de ses jours ; en outre il assura aussi la
subsistance de la veuve et des orphelins laissés par le marchand de pâte
de pois.

Quant à lui, qui possédait désormais des capacités surnaturelles,
il alla se retirer loin des hommes.

—NOTES—

(1). Littéralement : "donateurs", terme d'adresse usuel d'un bonze à ses
fidèles, donateurs potentiels sinon effectifs.

(2). Il est fréquent de trouver, à l'entrée d'un monastère, une tablette,
arrivant à hauteur de taille, et supportant les reliefs des aumônes et
offrandes périssables au monastère.

(3). Deux images traditionnelles pour désigner la première veille, soit
9 h du soir.

(4). Autre mesure traditionnelle de temps : une quinzaine de minutes.

ဥစ္စာမက်လို့ အသက်သေရသူ

ရှေးက အလွန်ရိုးသားလှတဲ့ စကောသယ်တယောက်နဲ့ အင်းမတန်လောဘကြီးတဲ့ ပဲပုပ်သယ်တယောက်ဟာ မိတ်ဆွေ ဖွဲ့ပြီး လှေတစင်းနဲ့ အင်းထဲက ရွှာစဉ်ကူးလို့ စကောနဲ့ ပဲပုပ် ရောင်းကြတယ်။

ပဲပုပ်သယ်ကလှေဦးကလှော်ပီး စကောသယ်ကလှေ့ က လှော်လို့ ရွှာစဉ်ကူးရောင်းကြုံပုံတော့ မိုးချုပ်ယင် ဘုန်း တော်ကြီးကျောင်းမှာ့ဖြစ်ဖြစ်၊ သိဟောင်း ကျွမ်းဟောင်း အိမ်မှာ့ဖြစ်ဖြစ် တည်းခိုပိုး မိုးလင်တာ့နဲ့ ရှေ့ခရီးကိုသက် ကြပြန်တာဘဲ။

သူတို့၂ယောက်ဟာ တလှေ့ထဲစီး တခရီးထဲသွားပေမယ့်၊ ဗီဇက တူကြတာမဟုတ်ဖူး။ ပဲပုပ်သယ်ဟာ လောဘကြီး သလောက် အပျင်းလဲထူတယ်၊ စိတ်ကောင်းစေတနာကောင်း လဲမရှိဘူး၊ တဖက်သားအပေါ် လဲ့ အကြောင်းကြီးနဲ့ တင်းစီးတဲ့ အကျင့်ရှိတယ်။

စကောသယ်ကတော့ ရိုးတယ်၊ တဖက်သားကို အားနာ တတ်တယ်။ စိတ်ကောင်းစေတနာကောင်းရှိတယ်၊ သည်းခံ စိတ်နဲ့ လဲပြည့်ဝတယ်။

ဒါ့ကြောင့် ရောက်ရာအရပ်မှာ ထမင်းစားဘို့ချက်ယင် စကောသယ်ကတဲ့ ချက်ရတယ်။ ပဲပုပ်သယ်ကတော့ အ ကြောင်းတခုခုရှာပြီး ရှောင်လွဲနေတာသာ။

စကောသယ်ဟာ ပဲပုပ်သယ်မှာ စိတ်ကောင်းမရှိမှန်း သိပေမယ့်၊ လှေပိုင်ရှင်က ပဲပုပ်သယ်ဖြစ်နေတော့ သူ့ကို မှီခို နေရတဲ့အတွက် ဘာမှမပြောရဲတဲ့ ဖြစ်နေတာပေါ။

တနေ့မှာ လှေတစင်းနဲ့ ရွှာစဉ်ရှောက်ရောင်းယင်နဲ့မိုးချုပ် သွားတော့ သူတို့တည်းခိုဘို့ အသိမရှိတဲ့ ရွှာကိုရောက်နေတာ နဲ့၊ ရွှာဦးကဘုန်းတော်ကြီးကျောင်းဆီလှော်သွားပီးကျောင်း မှာဘဲ တည်းခိုကြဘို့ စိစဉ်ကြတယ်။ ဒါနဲ့ ကျောင်းရောက် တော့ သူတို့ဟာ စကောသယ်နဲ့ ပဲပုပ်သယ်ဖြစ်ပါတယ်၊တည ထ တမျှလောက် တည်းခိုခွင့်ပြုဘို့ဘုန်းတော်ကြီးကို ရှောက်ကြ တယ်။

ဒီတော့ ဘုန်းတော်ကြီးက "တည်းရယ်လို့ မဟုတ်ပါဘူး၊ ဘုရားနားက မွှာရုံမှာ ကြိုက်သလောက်တည်းခိုပီး ချက် ပြုတ်စားကြပေါ၊ ချက်ဖို့ပြုတ်ဖို့လိုတာကိုလဲ ကုပ်ယဆီမှာ တောင်းကြ၊ ရွှာက ရွှာကြီးဖြစ်တော့ ဒကာတို့ တရက်ထဲ ဘယ်ဖြစ်ပါ့မလဲ၊ နှစ်ရက် သုံးရက်တော့ ရောင်းကြမှပေါ၊ အားနာဘို့မရှိဘူး" လို့ အမိန့်ရှိတယ်။

စကောသယ်နဲ့ ပဲပုပ်သယ်ကလဲ ဘုန်းတော်ကြီးအမိန့်ရှိတဲ့ အတိုင်း ၂ည ၃ည တည်းခိုဘို့ဆုံးဖြတ်လိုက်ကြတယ်။

ကျောင်းမှာ ဘုန်းတော်ကြီး ၁ပါးနဲ့ ကပ္ပိယ ၁ယောက်သာရှိပြီး ကျောင်းကြီးကလဲကြီးတယ်၊ ဝင်းကြီးကလဲသန့်ရှင်းကျယ်ပြန့်တဲ့ ကျောင်းဝင်းကြီးဘဲ။ ကျောင်းဝင်းထဲမှာ စေတီကလေးတဆူရှိပြီးအနားကဓမ္မာရုံကြီးကလဲဟိန်းလို့၊ စေတီမှာစေတီရံကလေးတွေ မရှိပေမယ့် အရှေ့မုခ်ဝမှာတော့ ပန်းပေါင်းတွေ၊ ဆွမ်းတော်ကျတွေစွန့်ဘိုလုပ်ထားတဲ့ သင်ပုတ်ခုံအင်္ဂတေဆင်ရုပ်ကြီး ၂ရုပ်ရှိတယ်။ ၂ရုပ်စလုံး လူ့ခါးစောင်းလောက်မြင့်ပြီး အချိုးအစားလဲကျနတယ်။

ဓမ္မာရုံကြီးထဲမှာညအိပ်ကြတဲ့အခါကျတော့ စကောသယ်က ဘုရားရှိခိုး၊ ပရိတ်ရွတ်၊ မေတ္တာပို့၊ အမျှအတန်းဝေပြီး အိပ်ရာဝင်တယ်။ ပဲပုပ်သယ်ကတော့ ဒီအချိန်မှာ အိပ်ပျော်နေပြီ။

သန်းခေါင်လောက်ကျတော့ စကောသယ်ဟာ တရေးနိုးတာနဲ့ ဆေးတံထသောက်ယင်း လရောင် ဖွေးဖွေးအောက်မှာ သပ်ပယ်လှတဲ့ စေတီကလေးဘက်ကို ကြည့်မိတယ်။ ဒီတင်မုခ်ဝက ဆင်ရုပ်ကြီး ၂ရုပ် အနက် တရုပ် ပျောက်နေတာကိုသတိထားမိတယ်။

ဒါနဲ့ စကောသယ်ကြီးက 'တယ်ထူးဆန်းပါကလား' လို့ တွေးပြီး မျက်စိ ကျယ်လာတာနဲ့ ဆင်ရုပ်ရှိတဲ့နေရာကို သွားကြည့်တယ်။ သူ့မျက်စိဟာ မမှားဘဲ ဆင်ရုပ်တရုပ် တကယ်မရှိတာကို သေသေချာချာသိရတော့ အင်မတန်အံ့ဩရပြန်တာပေါ့။ ဒီလိုတအံ့တဩဖြစ်နေရာက သူ့အိပ်ရာကိုပြန်လာတုံးလုံးလှဲပြီး ပျောက်နေတဲ့ ဆင်ရုပ်ရဲ့နေရာကို ကြည့်နေမိပြန်တယ်။ သူဟာ ဟိုတွေးဒီတွေးနဲ့ အိပ်မပျော်နိုင်ဘဲ နေလိုက်တာ အရုဏ်တက်ကာနီးလို့ လင်းရောင်ပေါ်လာတော့ အရှေ့ဘက်က တိုက်နေတဲ့ လေပြေလေညှင်းနဲ့ အတူ ဆင်ရုပ်ကြီးဟာ ကောင်းကင်က တဖြေးဖြေးဆင်းလာပြီး သူ့နဂိုမူလနေရာမှာ ပြန်နေလိုက်တာကို မြင်ရပြန်တယ်။

လောကကြီးမှာ မယုံနိုင်စရာ အဖြစ်ကို မြင်လိုက်ရတဲ့ စကောသယ်ဟာ ဒီအကြောင်းကို ဘယ်သူ့မှပြောလို့ မဖြစ်သေးဘူး၊ ငါကိုယ်တိုင်သိအောင် စုံစမ်းမယ်လို့ကြံပြီး မိုးလင်းတဲ့ အခါကျတော့ ပဲပုပ်သယ်ကို သူဒီမနက် "နေမကောင်းချင်လို့ ရွာထဲမလိုက်သေးဘူး၊ တယောက်ထဲဘဲသွားပေတော့" လို့ ပြောလိုက်တယ်။

ဒီတော့ ပဲပုပ်သယ်က "ဒီလိုဆိုလဲ, နေရစ်လေ၊ ကျုပ်တော့ညနေထမင်းစားချိန်မှဘဲ ပြန်လာတော့မယ်၊ ချက်သာထားနှင့်ပါ" လို့မှာပြီး ပဲပုပ်ခြင်းကို ထမ်းထွက်သွားလေရဲ့။

ပဲပုပ်သယ်ထွက်သွားပြီးတာနဲ့ စကောသယ်ဟာကျောင်းနားက ကပ္ပိယကြီးဆီသွားပြီး သူသိလိုတာကိုစုံစမ်း တော့တာဘဲ။

ဒီအခါ ကပ္ပိယကြီးကသူဒီကျောင်းမှာကပ္ပိယလုပ်နေတာအခု ဘုန်းကြီးစပြီးကျောင်းထိုင်ကထဲကဆိုတော့ နှစ်ပေါင်း

II. UN RICTUS DE SOUFFRANCE PRIS POUR UN RIRE

Cette histoire figure parmi les histoires drôles et son titre est devenu un proverbe arakanais, dont elle est par conséquent l'origine.

Il était une fois un voleur de bestiaux qui habitait dans un village de
brousse ; volant les bêtes dans son propre village, il allait les revendre dans
les autres. Au crépuscule, sans en avoir l'air, il les observait, les sur-
veillait, et puis, la nuit tombée, entraînait celles qu'il voulait.. Celles
qui étaient libres, il les attrapait avec une corde, celles qui étaient attachées, il leur passait la corde au cou et s'en allait sur leur dos. Il volait
comme l'occasion se présentait, et puis vendait.

Les propriétaires des bêtes la trouvaient mauvaise et se mirent bientôt
en devoir d'empêcher la disparition de leur cheptel. Ils veillèrent conti-
nuellement à n'être plus volés. Au lieu de laisser les bêtes libres la nuit,
comme auparavant, ils les gardèrent toutes, étroitement, les attachant, les
menant dormir, pour plus de sûreté, sous la maison, ou leur dressant un enclos,
ou les attachant, les gardant dans une étable sûre, bâtie tout exprès.

Quand le voleur se rendit compte que les propriétaires faisaient bonne
garde, il n'osa plus voler dans son village. Voler et revendre les bêtes
des cultivateurs sur brûlis était plus difficile encore. Plus que les autres,
ces gens-là devaient surveiller de près leurs bestiaux, à cause du tigre: en
tous lieux, dans les forêts, les champs sur les pentes des montagnes, ils les
mettaient dans des abris plus solides et, chaque nuit, les faisaient entrer
dans des étables, où ils les attachaient.

Le voleur n'osait plus exercer ses talents au village, il était difficile de le faire dans les jardins isolés ou les champs sur brûlis. Pourtant,
il voulait continuer selon ses vieilles habitudes ; se disant "advienne que
pourra", il devint téméraire.

Un jour, il s'approcha d'une étable dans un brûlis et, la nuit tombée, se
faufila à l'intérieur, pour voler. Avant son arrivée, un tigre s'y était déjà
introduit et se trouvait caché dans le troupeau, il guettait la bête qui
s'en écarterait un tant soit peu pour l'emporter dans sa gueule. Le voleur
aussi se glissa parmi les bêtes attachées, se faisant tout petit, se baissant,
aux aguets. Quand les bêtes, qui ruminaient paisiblement couchées, perçu-
rent l'odeur du tigre et sentirent le voleur les palper, elles se redressè-
rent, tout agitées.

L'homme se dit alors qu'il s'emparerait de la première bête à sa portée et qu'il l'agripperait de force,par le col; le tigre , lui, se dit qu'il emporterait la première bête qui émergerait du groupe, se dégageant lui-même coûte que coûte,et vite.

A ce moment, l'homme et le tigre se rencontrèrent ; l'homme, prenant le tigre pour une vache, lui sauta sur le dos, à califourchon, l'homme et la bête ne firent plus qu'un et le tigre épouvanté,ne sachant quelle créature c'était, sortit comme un fou, à toute vitesse ; l'homme, pour ne pas tomber, se cramponnait énergiquement à sa monture.

Et les voilà partis, le tigre courant, l'homme sur son dos, ignorant qu'il chevauchait un tigre, le tigre ne s'imaginant pas que son cavalier était un homme , et toute la nuit , ils allèrent ainsi par monts et par vaux. Cette course sans fin les épuisa et, cédant à la fatigue, ils s'écroulèrent sur place, sans même se séparer.

Le jour revenu, l'homme s'aperçut qu'il montait un tigre et le tigre que son cavalier était un homme. La réalité réveilla et augmenta leur effroi réciproque et le tigre reprit sa course folle, portant toujours l'homme, comme pendant la nuit.

Sur le dos du tigre, l'homme se disait que, si ça continuait, le tigre allait s'écrouler, mort d'épuisement, ou bien que lui-même allait lui servir de pâture, que, s'il mettait pied à terre, il ne lui échapperait pas par la course: mieux valait s'accrocher à l'arbre le plus proche èt y grimper pour sauver sa peau. Aussi tendit-il le bras,alors qu'ils approchaient d'un arbre,et s'y suspendit-il en se cramponnant de toutes ses forces. Terrorisé, il n'osa plus en redescendre, pas plus que le tigre épouvanté par lui n'osa se retourner pour regarder en arrière, mais s'enfuit le plus loin possible.

Un singe, d'une branche, vit arriver le tigre apeuré, fuyant éperdument, et le héla:"Ami tigre, te voilà tout tremblant d'effroi, pourquoi ? Explique-moi."-" Que te dire ? Cet homme,ce n'est pas rien, toute la nuit il m'a monté, j'ai cru mourir ; seulement lorsqu'il m'a quitté, j'ai pu soudain lui échapper ; j'en suis encore effrayé !"

Alors le singe questionna de nouveau :"Mais où est cet homme à présent ? Allons voir!" et le tigre répondit, découragé :"d'un grand bond il s'est éle-

vé sur un arbre, comme s'il s'envolait, très vite, je n'ai pas osé regarder
tant j'avais peur ; mon ami si tu veux aller voir, va." Le singe, d'une
curiosité insatiable , tourmenta le tigre pour qu'il y aille, mais il
n'était pas question d'aller voir tout seul. Aussi conclut-il un pacte
d'amitié avec le tigre et tous deux se lièrent.

Le singe trouva vite comment apaiser les craintes de son ami: "Mon
cher tigre, nous voici amis, il n'y a plus lieu de nous défier l'un de
l'autre, nous pouvons même nous appuyer l'un sur l'autre, et si nous
allons regarder de près cet homme, nous cesserons de nous tourmenter". Le
tigre lui répondit : "Ne me demande pas ça ! Je m'enfuirais encore".Le singe
revint à la charge: "Eh bien, s'il faut fuir, nous fuirons ensemble".

"Mais, dit le tigre, toi tu peux t'échapper en grimpant aux arbres,alors
que moi je ne le peux qu'en courant de toutes mes forces, aussi ai-je davantage sujet de m'inquiéter". Enfin le singe proposa, puisque le tigre n'avait
pas confiance, qu'ils attachent leurs queues ensemble. Se plaçant cul à cul,
ils nouèrent effectivement leurs queues. Ils se dirigèrent alors vers l'arbre
sur lequel était l'homme,en singulier équipage : le tigre devant et le singe
accroché derrière, à bout de queue, ou bien collé au tigre, ou bien tout de
guingois, ou bien recroquevillé , ou bien tout étiré.

Quand l'homme aperçut le tigre, il pensa avec terreur qu'il revenait
le dévorer ; il s'efforça de monter plus haut ; quant au tigre, sous l'arbre,
menton levé pour montrer au singe, il disait, tout tremblant : "Là, c'est
cet homme qui grimpe".

Alors l'homme, grimpant comme un fou, se hissant à l'aide de n'importe
quelle prise, se saisit d'une branche pourrie qui se rompit d'un coup, si bien
qu'il tomba tout droit sur le dos du tigre (précisément parce que les bran-
ches pourries cèdent facilement , un dicton arakanais rappelle :"arbre mort,
bambou mort, grimpeur en danger").

Le tigre, se rendant compte que l'homme lui avait de nouveau sauté sur le
dos,s'élança et reprit sa course folle tandis que l'homme fuyait de son côté,
droit devant lui, sans savoir où il allait ; le singe, enfin, toujours lié au
tigre, fut entraîné, ballotté, rebondissant de-ci de-là.

Cette course errante, avec l'autre accroché à lui et la peur qui le ta-
lonnait, mit vite le tigre hors d'haleine ; quant au singe qui endurait, pré-

cipité de côté et d'autre, d'intolérables souffrances, il était à demi mort, babines retroussées sur les dents.

Alors, après avoir pris un instant de repos, le tigre s'adressa au singe :" Je te l'avais bien dit, mon ami, il m'a encore fallu courir, n'est-ce pas ?" Mais le singe, dents découvertes par un rictus de souffrance, était inconscient ; presque mort, il était hors d'état de répondre aux discours du tigre.

Ce dernier se retourna vers lui et prenant son rictus pour un rire, lui fit des reproches :" Mon ami, je me suis épuisé à courir, bondir, affronter la peur, pour toi ce fut beaucoup moins pénible, il était facile de rester derrière, ignorant la frayeur, l'essoufflement, la lassitude et tu peux encore rire tranquillement, à pleine bouche, dents découvertes".

Or, contrairement à ce que pensait le tigre, le singe évanoui ne pouvait rire. Mais comme le tigre , mécontent, continuait à parler, le singe réagit à ses discours et dit enfin :" Mon cher, tu prends pour un rire ma grimace de souffrance". Alors seulement le tigre réalisa quelle était la situation véritable et prit pitié de son ami.

Depuis lors, dit-on, l'expression a cours en Arakan. Les deux animaux délièrent ensuite leurs queues et, chacun de leur côté, s'en retournèrent à leur territoire respectif, où ils trouvaient,précédemment,leur subsistance.

NB. Un conte coréen fort célèbre reprend les mêmes thèmes du début : "Kaki séché plus terrible que le tigre" (Contes populaires de Corée, conte n° 41, traduction par Li Jin-mieung et M.Coyaud, Paris,Pour l'Analyse du folklore, 1978);on trouve une autre version de ce conte coréen dans Zong , n°79. Dans une fable mongole en vers, on retrouve la fin du conte birman : une louve et un tigre s'attachent ensemble, afin d'affronter un terrible bouc.

III. GALEJADES : DISCOURS (INCROYABLES) QU'IL FAUT CROIRE

I. 1. Jadis,quatre hommes,à l'ombre d'un banian proche de la route, bavardaient,formant cercle. 2.A ce moment, un étranger vêtu d'un pagne et d'un turban neuf vint écouter la conversation.3. Les quatre hommes, désirant prendre par ruse le turban et le pagne de cet étranger, dirent ceci: 4.- On va raconter nos expériences personelles.5. Qui ne les croira pas, 6. deviendra l'esclave du narrateur.7.Donc,ils firent cette promesse.

II. 8. L' un d'eux commença en ces termes: 9.- Alors que j'étais un fétus de trois mois, dans le ventre de ma mère, celle-ci eut envie de manger un fruit aigre.IO.Elle tourmentait soit mon père, soit mon oncle, soit mon frère aîné,pour qu'ils grimpassent au pommier lui cueillir ces fruits aigres.11.Ceux-ci répondaient toujours ceci seulement:- Le pommier est trop haut, nous ne pouvons pas monter. 12.Ayant entendu ces paroles, j'émergeai du ventre maternel, je grimpai au pommier, je cueillis le fruit et le donnai à ma mère. 13.Croyez vous ces paroles ? demanda-t- il.14.Les autres furent forcés d'admettre qu'ils les croyaient.

III. 15.Après cela, un autre homme parla à son tour: 16. - J'étais né depuis sept jours que je circulais déjà dans le village, observant. I7.A ce moment, comme j'avais vu un grand tamarinier en pleine fructification, saisi d'une envie de manger, je grimpai sur le tronc, cueillis les fruits et les mangeai. 18.Ayant mangé, plus que repu, comme je ne pouvais plus redescendre,après être retourné à la maison prendre une échelle, je la dressai,et je pus redescendre.I9. Croyez-vous ces paroles ? demanda-t- il.20. Les autres furent forcés d'admettre qu'ils les croyaient.

IV. 21.Après cela, un autre homme parla à son tour: 22.- Enfant âgé de trois ans, j'accompagnai dans la forêt des promeneurs voisins de chez nous.23.Ils rencontrèrent un lièvre; comme ils le poursuivaient, un grand tigre caché dans le taillis m'aperçut, se dressa, gueule ouverte, et me sauta dessus.24.Faisant un geste de défi,je me mis à attaquer le tigre.25. Comme il s'approchait de moi,d'une main,j'aggripai la babine supérieure, de l'autre l'inférieure,et j'écartai.26.Les mâchoires se fendirent en deux comme un bambou.27.Croyez-vous ces paroles ? demanda-t-il .Les autres furent forcés d'

d'admettre qu'ils les croyaient.

V. 28 Après cela,un autre homme parla à son tour.29. Une année,   ,je cultivais la

terre.30. Dans le potager,je plantais des pastèques.31. Au bout d'un mois,une pastè-

que atteignit la grosseur d'une colline.32. Pour des voyageurs venus d'un autre pays,

avec cinq cents voitures, j'ouvris la pastèque et la vendis.33. Je pus en vendre sept

grandes jarres par voiture.34. Le reste, d'une   part,je le partageai entre les villa-

geois, sept pots chacun. 35.D'autre part, avec l'écorce, je pus me bâtir un kiosque

pour l'été.36.Croyez-vous ces paroles? demanda-t-il.37.Les autres furent forcés d'ad-

mettre qu'ils les croyaient.

VI. 38.Après cela,l'étranger parla ainsi: 39.- Moi,   un an,je plantai un champ de co-

ton.40. Dans ce champ poussa un cotonnier, ayant une brasse de circonférence.41.Il pro-

duisit un fruit pouvant   remplir une   grande jarre .42.Je   cueillis le fruit mûr,

je le fendis: en sortirent quatre hommes.43.Je les gardai chez moi; bientôt,ils s'en-

fuirent à la course; alors,je partis à leur recherche.44. C'est seulement maintenant

que je les ai retrouvés.45.Ces quatre hommes,c'est vous précisément.46.Croyez-vous ces

paroles? demanda-t-il.47.Les autres furent forcés d'admettre qu'ils les croyaient.

VII. Alors, puisqu'ils avaient cru ces paroles :- Vous êtes indiscutablement mes

esclaves! dit l'étranger. Les ayant ainsi trompés, il fit de ces quatre hommes ses

esclaves, et les emmena.

ABRÉVIATIONS

Le ton haut est marqué par un accent aigu à droite; le ton bas n'est pas marqué;
le ton descendant est marqué par un accent grave à gauche de la syllabe.

(entre parenthèses, les numéros des phrases)

acc. : objet direct, mouvement vers : ko ကို   (3)

ach. : achevé : `pyi ပြီး (12)

cit. : citation : hu' ဟု   (5,15, etc.)

Cl. : classificateur : khu' ခု arbre(40), lièvre (23), taillis (23), pastèque (31)

        `loN လုံး jarre (33), fruit (41), bambou (26)

        `si စီး voiture (33)

        piN ပင် arbre (17)

        yɔ' humains (42) ယောက်

dés. : désidératif : lo လို (3), ciN ချင် (17)

det. : déterminateur (ou relateur): `θɔ တဲ့   (8, 29) သော

éven.: événementiel: le လေ (34,26)

exh. : exhortatif: aN' အံ့ (5)

exp. : expérience passée: `bu ဘူး (4)

fut. : futur, envisagement: mɛ (24) မည်

ind. : indicatif (part. finale) : ti တည် (2,6) ; 'i' ၏ (3,8,9,10,11,14,15,16,17,
                                                                18,19.)

                    θi သည် (1,4,11,17, ...)

int. : interrogatif `lɔ (13,19) လော

neg. : négatif mə (5) မ

pl. : To' တို့ (11,3)   pour les noms; mya များ   ; pour les verbes: Ca' ၾက (13,14)

poli : particule de politesse: Pa ပါ (13)

prog.: progressif: ne နေ (17,23,43)

pt.finale : θəTi သတည် (48)

rel. : relateurs ၍ yue' (3,7,) ; `θɔ (8,9,14) သော

sub. : subordonnants : ka (23,48), yue' (16)   ၾကာ   ၍

suj. : sujet : θi သည် (1,5,29) ; ka' က (11,15,21,28)

(on prend "sujet" dans un sens relatif; le sujet n'est pas obligatoire dans la
phrase birmane)

Ⅲ   yoN `TaN sə`ka   Paroles qu'il faut croire

tə /yaN` yɔ /'ˀəkha  / lu  /`le / yɔˀ/To´ / θi/ `laN/ ˀə`ni/ nyɔN /PiN/
 1/fois/que /   temps/hommes/ 4 / Cl./ pl./suj./ route/proche/banian/arbre/

yeˀ /hnaiˀ /`waiN/`Phwɛ / sə`ka/`pyɔ / ne / caˊ/ θi//2.tho/ˀəkhaiˀ/lu`SeiN/tə /yɔˀ/
ombre/dans/cercle/groupe/paroles/dire/prog./pl./ind.// ce/instant/étranger/1/ Cl./

θi/pə`sho/`goN`PoN/ˀəθiˀ/ ko/ wuˀ /shiN`pɔN /thoˀ / yueˊ/ wiN/ `na/
suj./pagne/turban/nouveauté/acc./vêtir/parure/envelopper/rel./entrer/écouter/

`la/ θəTi  //3.  lu/`le / yɔˀ/ Toˊ/'`lɛ  /tho/ lu  /`SeiN/ko/ hlɛˊpaˀ /yueˊ/
venir/pt.finale// homme/ 4/Cl./ pl. ⊥ quant à/ ce/homme/étranger/acc./tromper/rel./

pə`sho/ `goN`PoN/ ko/`yu/lo/ ya`ka/ yiθoˈ /sə`ka/ sho/ ˀi´//4.ŋa /Toˊ /
pagne/turban/acc./prendre/dés./puisque/ainsi/paroles/dire/ind.// je/ pl./

tweˈ/`bu/myiN/`bu   /θi / ko/`pyɔ/ sho/ Caˊ/ aNˈ//5.ˀəciN/θu   /θi/
rencontrer/exp./voir/exp./ind./acc./dire/dire/pl./exh.// autre/personne/suj./

mə /yoN/   huˊ/ yueˈ /sho/ aNˈ //6.tho/ θu/ θi/cuN/ khaN/`TaN / ti// 7.
neg./croire/cit./rel./dire/exh.// ce/homme/suj./esclave/subir/devoir/ind.//

ˀi θoˊ/kəTiˈ / `tha/ yueˈ/ sə`ka/ sho/Caˊ /'ˀiˈ //
ainsi/promesse/placer/rel./paroles/dire/pl./ind.//

NB. Ce qui est noté ici /sə`ka/ se prononce [zə`ga] ou [sə`ga] ; en outre,
ce qui est noté ici /ko/ "accusatif" ,ou /kaˊ/ "sujet,from", se prononce res-
pectivement [go] et [gaˀ]

tə / yɔʔ/ `θɔ/ θu /ka/ sa′ /yue′/ /ˈiθoˊ / sho/ʔiˊ //9. ŋa/θi /ˊəmiˊ/ˋwuN/
1 /Cl./ rel./ il/suj./ commencer/rel./ainsi/dire/ind.// je/suj./mère/ventre/

hnaiʔ/ ˋθoN/ laˊ/ˋθa/ hyiˊ /ˋθɔ›kha/ŋa / ʔiˊ/əmiˊ/hnaiʔ / ciN/ˋθi/ˋsa/CiN / ˋθɔ /
dans/ 3 /mois/fils/être/ quand /je/ de/mère/dans/aigre/fruit/manger/dés./rel./

chiNˋCiN/ θi / phyiʔ / ʔiˊ//10.tho /CɔN/ˊˋθiPiN / Maˊ / ˋθiˋθi/ko/ tɛʔ/
désir/suj./être/ind.// ce/à cause/Feronia elephantum/ à/ fruits/ acc./monter/

ˋkhu / ˋpe / yaN/ŋaʔiˊ /phaˋKhiN/ko/lə̀ kɔN/ˋuˋle/ko/lə̀ kɔN/ˊəko /ˊCi/ ko/ lə̀ˋkɔN/
cueillir/donner/pour/mon/ père/ acc./ soit/ oncle/ acc./soit/ frère/aîné/acc./soit/

puSha/ʔiˊ // tho/ θu/ Toˊ/ kaˊ/ ʔi /ˋθiPiN /myiNˊ/hlaˊ/ θi / ŋa /Toˊ/ mə /
tourmenter/ind.//11.ce/ il / pl./ suj./ ce/Feronia/ haut/très/ind./ je/pl./neg./

tɛʔ/NaiN/ huˊ/yueˊ / θa / sho/ koN/ ʔiˊ //12.tho/ sɔ̀ ka/ko/ ˋca/
monter/pouvoir/cit./rel./seulement/dire/tous/ind.// ce/discours/acc./entendre/

θɔ /ŋa / θi /ʔə miˊ/ˋwuN/ Maˊ/ thwɛ̀ˊ/ yueˊ/ˋθiPiN/ ko/ tɛʔ/ˋPyi / hlyiN/
quand/je/suj./mère/ventre/hors/sortir/sub./Feronia/acc./grimper/achevé/quand/

ˋθiˋθi /ko/ˋkhu/ yueˊ /ˊəmiˊ /~ʔa /ˊpe / ʔiˊ//13.ʔi /sɔ̀ ka/ ko/ yoN/ Caˊ/ ʔiˊ/
fruits/acc./cueillir/rel./mère/ à/ donner/ind.// ce/discours/acc./croire/pl./ind./

ˋlɔ /huˊ/ˋpyɔ sho/ˋmeˋmyaN /ʔiˊ// 14.ˋcuiN/ˋθɔ/lu/ Toˊ/ˋlɛ / yoN/ Pa/
int./cit./dire /interroger/ind.// autres/rel./homme /pl./quant à/ croire/poli/

ʔiˊ/ huˊ/ wuN/ khaN/ Caʔ/ʔiˊ //
ind./cit./charge/subir/pl./ind.//

108

tho' nɔ? lu tə yɔ? ka' i'θo' sho pya N ʔi' ŋa θi ʔəmi' 'wuN
cela/après/homme/1/Cl./suj./ainsi/dire/à son tour/ind.//16.je/suj./mère/ventre/

ka' 'phwa yue' khuni? ye? 'θa hyi' 'θɔʔəkha yua 'TwiN TwiN hlɛlɛ yue'
hors/naître/sub./sept/jours/fils/être/lorsque/village/dans/circuler/sub./

ci' ʔi' tho ʔəkha mə'CiPiN 'Ci tə PiN 'θi ne θi ko
regarder/ind.//17.ce/moment/tamarinier/grand/1/ Cl./fructifier/prog./ind./acc./

myiN taphyiN' 'sa CiN yə'ka piNSi ko phɛ? yue' te? 'Pyi Ma ʔəθi To'
voir/puisque/manger/dés./puisque/tronc/acc./serrer / sub˙ / grimper/ach./dès/fruit/pl./

ko shu? yue' 'sa ʔi' 'sa yue' wa'pyi hma' 'shiN θi
acc./cueillir/sub./manger/ind.//18.manger/après/repu/après/descendre/ind./

hyi' θɔ mə 'shiN naiN ya'ka ʔeN θo' pyaN yue' hle'ka
être/sub./neg./descendre/pouvoir/comme/maison/vers/retourner/après/échelle/

                        hma'
yu thoN 'pyi après 'shiN khɛ' ya' ʔi' ʔi sə'ka ko
prendre/dresser/achevé/descendre/passé/obtenir/ind.//19.ce/discours/acc./

yoN Ca' ʔi' 'lɔ hu' 'pyɔsho 'me'myaN ʔi' 'cuiN 'θɔ luTo' 'lɛ
croire/pl./ind./int./cit./dire/interroger/ind.//20.autres/rel./gens/quant à/

yoN Pa ʔi' hu' wuN kaN Ca' ʔi' tho' nɔ? lu tə yɔ? ka'
croire/poli/ind./cit./charge/subir/pl./ind.//21.cela/après/homme/1/Cl./suj./

ʔiθo' sho pyaN ʔi'
ainsi/parler/à son tour/ind.//

ŋa θi ˋθoɴ khalɛ ˋθa hyiˊ ˋθɔʔəkha ʔɛɴˋniˋCɪɴ ˋtɔ lɛ θutoˊ hnɪɴˊ ʔətu
je/suj./trois/ans/ fils/ être/lorsque/voisins/ forêt/ promener/gens/avec/ensemble/

ˋtɔ θoˊ laiʔ ˋθwa ʔiˊ   ˋtɔ hnaiʔ yuɴ tə khu ko tweˊ   yueˊ
forêt/vers/suivre/aller/ind.// 23. forêt/dans/lièvre/1/ Cl./acc./rencontrer/comme/

laiʔ ˋθɔ ʔəkha coɴ tə khu hnaiʔ ˋʔɔɴ ne ˋcə ˋˋca ˋci θi ŋaˊ ko
chasser/pendant/taillis/1/Cl./ dans/caché/prog./sub./tigre/grand/suj./je/acc./
                                                                    moi

myɪɴ hlyɪɴ thaˊtiˋ yueˊ pə Saʔ ˋphyɛ ka laiʔ la ʔiˊ   ŋa ˋlɛ
voir/quand/debout/sub./gueule/ouvrir/sub./suivre/venir/ind.// 24. je/d'une part/

lɛʔˋ aɴpɔʔkaʔ yueˊ ˋca ko ˋtho θeʔ   Mɛ pyuˊ ʔiˊ   ˋca
geste de défi/ sub./tigre/acc./attaquer/ frapper/ fut./faire/ind.// 25. tigre/

  ˋlɛ   ŋaˊ ʔəˋni θoˊ kɔʔla   θɔ ŋa θi leʔ tə pheʔ phyɪɴˊ
d'autre part/ de moi/ près/ vers/s'approcher/quand/je/suj./main/1/ vers/à l'aide de/

ʔətheʔ hnə ˋkhaɴ ko kaɪɴ yueˊ leʔ tə pheʔ phyɪɴˊ ʔɔʔ hnəˋkhaɴ
supérieur/bouche/appendice/acc./saisir/sub./main/1/ vers/avec/inférieur/babine/

ko kaɪɴ lyɛʔ ˋphyɛ θi   ˋwa ˋloɴ ko ˋkhwɛ θəkɛˊ θoˊ thɛʔˋcaɴ
acc./saisir/tout en/ écarter/ind.// 26. bambou/Cl./acc./fendre/comme/ en deux/

ˋkhwɛ leʔ ʔiˊ   iˊ səˋka ko yoɴ Caˊ ʔiˊ ˋlɔ huˊ ˋpyɔsho ˋmeˋmyaɴ
fendre/éven./ind.// 27. ces/paroles/acc./croire/pl./ind./int./cit./dire/interroger/

ʔiˊ ˋcuɪɴ ˋθɔ θu Toˊ ˋlɛ yoɴ Pa ʔiˊ huˊ wuɴ khaɴ Caˊ ʔiˊ
ind.//27. autre/rel./homme/pl./quant à/croire/pɐli/ind./cit./charge/subir/pl./ind./

tho′ nɔʔ lu tə yɔʔ ka′ ′iθo′ sho pyaɴ ʔi′ ŋa θi tə hniʔ
28.cela/après/homme/1/Cl./suj./ainsi/parler/à son tour/ind.//29.je/suj./1/an/

ˋθɔ ʔəkha ya lɔʔ θi ya ˋkhiɴ ɴaiʔ phəˋyɛ^ʔiɴ səiʔ θi
det./temps/champ sec/cultiver/ind.//30. potager/dans/pastèque/planter/ind.//31.

tə khu′ ˋθɔ phəˋyɛˋθi θi tə la khaɴ′ ca hɬyiɴ tɔɴ ŋɛ hmyalɔʔ
1/Cl./ det./pastèque/suj./1/mois/ environ/durer/après/montagne/petite/exacte-

ˋci θi ˋtaiɴ tə ˋ_Pa ꟿa′ yɔʔla ˋθɔ ˋhlɛ ˋŋa ya
ment/grand/ind.//32.pays/1/honorifique/venant de/arriver/rel./voiture/5/ 100/

hniɴ′ khəˋyi θɛ To′ ˋʔa phəˋyɛˋθi ko phoʔ yue′ ˋyɔɴ θi ˋhlɛ
avec/voyag-/ eur-/-s / à/pastèque/acc./ouvrir/après/ vendre/ind.//33.voiture/

tə ˋ_Si hɬyiɴ ˋʔo khunəʔ ˋlɔɴ _Si ˋyɔɴ ya′ ʔi′ ʔəcaɴ ko ˋlɛ
1/Cl./ si/ jarre/ 7/ Cl./chaque/vendre/obtenir/ind.//34.reste/acc./d'une part/

yua ˋθa To′ ˋʔa ˋʔo khunəʔ ˋlɔɴ _Si we ya′ le θi ŋa
village-/ois/ pl./à/ jarre/7/ Cl./ chaque/partager/obtenir/éven./ind.//35. je/

ˋlɛ tho phəˋyɛˋθi ʔəkhuɴ Twiɴhnaiʔ tə nweˋlɔɴ ^ʔeɴ shɔʔ yue′ ne
d'autre part/ce/pastèque/écorce/dans/ 1/ été/ maison/ bâtir/comme/habiter/

ya′ θi ^ʔi səˋka ko yɔɴ ca′ ʔi′ lɔ hu′ pyɔsho ˋmeˋmyaɴ ʔi′
obtenir/ind.//36.ces/paroles/acc./croire/pl./ind./int./cit./dire/interroger/ind.//

ˋcuiɴ ˋθɔ luTo′ ˋlɛ yɔɴ Pa ʔi′ hu′ wuɴ khaɴ _Ca′ ʔi′
37. autres/rel./gens/quant à/croire/poli/ind./cit./charge/subir/pl./ind.//

tho' nɔ? Ma' lu`Sɛɴ phyi? `θɔ θu ka' ˡ˙.θo' sho ʔi ' cəno?
38.cela/après/depuis/étranger/être/rel./celui/suj./ainsi/dire/ ind.//39/. je/

θi tə hni? `θɔʔəkha wa `khiɴ saiʔ θi tho wa `khiɴ Ma' wa ni
suj./1/an/ quand/ coton/champ/planter/ind.//40.ce/coton/champ/de/ coton/rouge/

Piɴ `Ci tə khu' pɔ? yue' `lɔɴpa? tə phe? `ci θi tho
arbre/grand/1/Cl./croître/sub./cercle/ 1 / brasse/grandir/ ind.// 41. ce/

wa Piɴ Ma' ya wiɴ `ʔo khaɴ' hyi' `θɔ wa `θi tə `lɔɴ
coton/fleur/de/ cent/entrer/ jarre/environ/être/ rel./coton/fruit/ 1 / Cl./fruc-

`θi ʔi' wa `θi yiɴ' `θɔ ʔəkha `khu yue' `khwɛ hlyiɴ lu
tifier /ind.// 42.coton/fruit/mûr/ quand / cueillir/sub./fendre/ quand/homme/

yɔ?`Ca `le yɔ? pa la θi thoθuTo' ko ʔɛɴθo' yu yue'
mâle/ quatre/Cl./avec/venir/ind.// 43. ceux-là/ acc./ chez moi/ prendre/sub./

cuɴ ʔəphyi? `mwe `tha Pa θɔ `myaməca Mi thwe?`pye le yue'
esclave/existence/nourrir/ placer/poli/ sub. /bientôt/ s'enfuir/even./sub/

cəno? lai? hya ne Pa θi yəkhu' Ma' θa
je/ suivre/ chercher/ prog./ poli/ ind.// 44. maintenant/depuis/ seulement/

twe' ya' θi ʔəmɔɴ To' `le yɔ? Piɴ phyi?
rencontrer/ obtenir/ ind.//45. vous/pl./quatre/Cl./ précisément/être/

ʔi   sə`ka    ko   yoɴ Caʹ ʔiʹ   lɔ   huʹ   pyɔsho   `me`myaɴ ʔiʹ
46.ce/discours/ acc./croire/pl./ ind./ int./cit./ dire   /interroger/ind.//

`cuiɴ  `θɔ θu Toʹ `lɛ yoɴ Pa ʔiʹ   huʹ wuɴ khaɴ Caʹ ʔiʹ
47.autres/rel./celui/pl./quant à/croire/poli/ind.   cit./charge/subir/pl./ind.//

tho ʔəkha lu`Seɴ  kaʹ   ʔi   sə`ka   ko   yoɴ hlyiɴ ʔəmɔɴ Toʹ θi
48.ce/moment/étranger/suj./ ce/ discours/acc./croire/puisque/vous/ pl./ suj./

cəno? ʔiʹ cuɴ `mya  phyi? Tɔʹ     θi   huʹ   sho   yueʹ  hlɛʹ`Sa
je/ de /esclave/ pl./ être/inévitable/ ind./ cit./dire / sub./ tromper/

lo `θɔ  lu  `le yɔ? `ʔa   cuɴ  pyuʹ  ka   khɔ`θwa   le
sub./rel./homme/ quatre/ Cl./en qualité de/esclave/faire/sub./emmener/éven./

θə`Ti
part.finale//

ယုံထမ်းစကား

တရံရောအခါ လူလေးယောက်တို့သည် လမ်းအနီး ညောင် ပင်ရိပ်၌ ဝိုင်းဖွဲ့ စကားပြောနေကြသည်။[2] ထိုအခိုက် လူစိမ်း တယောက်သည် ပုဆိုး ခေါင်းပေါင်း အသစ်ကို ဝတ်ဆင် ပေါင်း ထုပ်၍ ဝင်နားလာသတည်း။[3] လူလေးယောက်တို့လည်း ထို့ လူစိမ်းကို လှည့်ပတ်၍ ပုဆိုး ခေါင်းပေါင်းကို ယူလိုရကား ဤသို့ စကားဆို၏။

[4] ငါတို့ တွေ့ဘူး မြင်ဘူးသည်ကို ပြောဆိုကြအံ့။[5] အကြင် သူသည် မယုံဟု၍ ဆိုအံ့။[6] ထိုသူသည် ကျွန် ခံတမ်းတည်း။[7] ဤ သို့ ကတိထား၍ စကားဆိုကြ၏။

[8] တယောက်သောသူက စ၍ ဤသို့ ဆို၏။[9] ငါသည် အမိဝမ်း ၌ သုံးလသား ရှိသေားအခါ ငါ၏ အဖ၌ ချဉ်သီး စားချင်သော ချဉ်ခြင်းသည် ဖြစ်၏။[10] ထိုကြောင့် သီးပင်မှ သီးသီးကို တက်ခူး ပေးရန် ငါ၏ ဖခင်ကိုင်ငင် ဦးလေးကိုင်ငင် အစ်ကိုကြီးကိုင်ငင် ပူဆာ၏။[11] ထိုသူတို့က – ဤသီးပင်မြင့်လှသည် ငါတို့မတက်နိုင် – ဟု၍သာ ဆိုကုန်၏။[12] ထိုစကားကို ကြားသော် ငါသည် အမိဝမ်း မှ ထွက်၍ သီးပင်ကို တက်ပြီးလျှင် သီးသီးကို ခူး၍ အမိအား ပေး၏။[13] ဤစကားကို ယုံကြ၏လော – ဟု ပြောဆိုပေးမြန်း၏။

[14] ကြွင်းသော လူတို့လည်း ယုံပါ၏ – ဟု ဝန်ခံကြ၏။

[15] ထို့နောက် လူတယောက်က ဤသို့ ဆိုပြန်၏။[16] ငါသည် အမိဝမ်းက ဖွား၍ ခုနစ်ရက်သား ရှိသေားအခါ ရွာတွင်းတွင် လွည့်လည်၍ ကြည့်၏။ ထိုအခါ မန်ကျည်းပင်ကြီးထပင် သီး

နေသည်ကို မြင်သဖြင့် စားချင်ရကား ပင်စည်ကို ဖက်၍ တက်
ပြီးမှ အသီးတို့ကို ဆွတ်၍စားး၏။ စားး၍ ဝပြီးမှ ဆင်းသည်ရှိ
သော် မဆင်းနိုင်ရကား အိမ်သို့ပြန်၍ လှေကားးယူ ထောင်ပြီးမှ
ဆင်းခဲ့ရ၏။ ကျွ စကားကို ယုံကြ၏လော - ဟု ပြောဆိုမေးမြန်း
၏။ ကြွင်းသော လူတို့လည်း ယုံပါ၏ - ဟု ဝန်ခံကြ၏။

'ထိုနေ့ာက် လူတယောက်က ကျွ သို့ ဆိုပြန်၏။ "ငါသည် သုံး
ခါလည်သား ရှိသောအခါ အိမ်နီးချင်း တောလည်သူူတို့နှင့်
အတူ တောသို့ လိုက်သွား၏။ "တော၌ ယုန်တခုကို တွေ့၍ လိုက်
သောအခါ ချ့ုခု၌ အောင်းနေသော ကျားကြီးသည် ငါ့ကို
မြင်လျှင် ထတည်၍ ပါးစပ်ဖြဲ ကာ လိုက်လာ၏။ "ငါလည်း လက်
ပမ်းပေါက် ခတ်၍ ကျားကို ထိုးသတ်မည် ပြု၏။ "ကျားလည်း
ငါ့အနီးသို့ ကပ်လာသော် ငါသည် လက်တဖက်ဖြင့် အထက်
နှုတ်ခမ်းကို ကိုင်၍ လက်တဖက်ဖြင့် အောက်နှုတ်ခမ်းကိုကိုင်
လျက် ဖြဲသည်။ "ဝါးလုံးကို ခွဲသကဲ့သို့ ထက်ခြမ်း ကွဲလေ၏။
'ကျွ စကားကို ယုံကြ၏လော - ဟု ပြောဆို မေးမြန်း၏။ ကြွင်း
သော သူူတို့လည်း ယုံပါ၏ - ဟု ဝန်ခံကြ၏။

'ထိုနေ့ာက် လူစာယောက်က ကျွ သို့ ဆိုပြန်၏။ "ငါသည်
တနှစ်သောအခါ ယာလုပ်သည်။ ယာခင်း၌ ဖရဲပင် စိုက်သည်။
'တခုသော ဖရဲသီးသည် တလခန့် ကြာလျှင် တောင်ငယ်မျှ
လောက် ကြီးသည်။ "တိုင်းတပါးးမှ ရောက်လာသော လှည်းငါး
ရာနှင့် ခရီးသည်တို့အား ဖရဲသီးကို ဖောက်၍ ရောင်းသည်။
"လှည်းတစီးလျှင် အိုးခုနှစ်လုံးစီ ရောင်းရ၏။ အကျန်ကိုလည်း
ရွာသားးတို့အား အိုးခုနှစ်လုံးစီ ဝေရလေသည်။ ငါလည်း ထိုဖရဲ

သီး အခွံ တွင်း၌ တနေ့လုံး အိမ်ဆောက်၍ နေရသည်။ ၍
စကားကို ယုံကြ၏လော - ဟု ပြောဆိုမေးမြန်း၏။ ကြွင်းသော
လူတို့လည်း ယုံပါ၏ - ဟု ဝန်ခံကြ၏။

၄၈ ထို့နောက်မှ လူစိမ်းဖြစ်သောသူက ၍သို့ ဆို၏။[39] ကျွန်ုပ်
သည် တနှစ်သောအခါ ဝါခင်းစိုက်သည်။ ထိုဝါခင်းမှ ဝါနီပင်
ကြီးတခု ပေါက်၍ လုံးပတ် တဖက်ကြီးသည်။ ထိုဝါပင်မှ ရာဝင်
အိုးခန့် ရှိသော ဝါသီးတလုံးသီး၏ ဝါသီး ရင့်သောအခါ ခွဲ၍
ခွဲ့လျှင် လူယောကျ်ား လေးယောက် ပါလာသည်။ ထိုသူတို့ကို
အိမ်သို့ယူ၍ ကျွန်အဖြစ်မွေးထားပါသော် များမကြာမီ ထွက်
ပြေးလေ၍ ကျွန်ုပ်လိုက်ရှာနေပါသည်။ ယခုမှသာ တွေ့ရတော့
သည်။ အမောင်တို့ လေးယောက်ပင် ဖြစ်ပါသည်။ ၍စကား
ကို ယုံကြ၏လော - ဟု ပြောဆိုမေးမြန်း၏။ ကြွင်းသော သူတို့
လည်း ယုံပါ၏ - ဟု ဝန်ခံကြ၏။ ထိုအခါ လူစိမ်းက - ၍စကား
ကိုယုံလျှင် အမောင်တို့သည် ကျွန်ုပ်၏ ကျွန်များ ဖြစ်တော့
သည် - ဟု ဆို၍ လှည့်စားလိုသော လူလေးယောက်အား ကျွန်
ပြုကာ ခေါ်သွားလေသတည်း။

TROIS CONTES MONGOLS

I.- Monsieur le bouc

II.- Nanj le rusé

III.- Les sept chauves et le petit chauve trapu

NB. Le conte I est donné en traduction quasiment juxtalinéaire, le texte original en regard. La traduction française est un peu rocailleuse: elle correspond vers par vers au texte mongol de la fable.

I. MONSIEUR LE BOUC

Extrait de *Altan Mengen*,
Ulan Bator, 1974.

Jadis,une fois,
dans un pays de montagnes boisées,
vivait tranquillement, à sa guise,
un courageux bouc.

Un jour d'hiver,
Il parcourait un haut plateau pierreux,
broutant l'herbe sèche de l'an passé,
buvant l'eau des torrents;
il allait calme et paisible, quand

il rencontra un tigre ravisseur.
Parmi les autres animaux de la forêt,
le tigre, jamais, n'avait rencontré
le gras bouc, et s'étonna:
- Qui es-tu ? dit-il.

- Je vaincs les imprudents,
j'attaque les ravisseurs.
Seigneur des montagnes boisées,
je suis le bouc valeureux.
Les tigres rayés des forêts,

les loups bleus des steppes,
combien de fois je les ai tués!
J'en fais des couvertures,matelas,
Terreur des fauves, je vais!
Ah! tu tombes bien! dit le bouc.

Le tigre ravisseur, effrayé,
fit un pas en arrière.
- Sur ta tête,
poussant, longs d'une coudée,
pointant comme des gaules,

dardant comme des pieux,
avec des pointes acérées,
ces deux choses qu'est-ce? dit le tigre.
- Pour, du loup bleu affamé,
percer le coeur;

et pour,du tigre bigarré,
prendre la vie,
(à moi seul,avec rage,avec force)
ce sont mes piques d'acier! dit
le bouc, furieusement,

s'avançant d'un pas en avant.
Le tigre ravisseur, effrayé,
fit un pas enarrière.
- Sous le menton,
la petite barbiche hirsute que tu as,

qu'est-ce que c'est? dit(le tigre)
interrogeant sur la barbe respectable.
- Quand j'ai mangé un tigre ravisseur,
c'est pour nettoyer ma bouche;
quand j'ai mangé un loup bleu,

Ухна гуай
(Хошин үлгэр)

рьд нэгэн цагт
Уул хангай нутагт
Эрх тааваараа амьдардаг
Эрэлхэг ухна байжээ
5 Өвлийн нэг өдөр
Өндөр асга дамжиж
Хагд өвс зулгааж
Харз ус ууж
Амар тайван явтал
10 Араатан бар учирч гэнэ
Ойн амьтнаас бусдыг
Огт үзээгүй бар
Тарган Ухныг гайхаж.
— Та хэн гэгч вэ? гэв.
15 — Аюулт гайтыг дардаг
Араатан амьтныг дайрдаг
Уул хангайн эзэн
Ухна баатар байнам
Хөвчийн эрээн барыг
20 Хээрийн хөх чонотой
Хэд хэдийг алж
Хөнжил гудас хийхээр
Ан хайж явнам
Ашгүй чи таарав уу гэхэд
25 Араатан бар айж
Алхам хойшоо ухраад
— Толгой дээр чинь
Тохой урт ургаж
Шон шиг гозойж
30 Шор шиг өрдойсон
Хурц гэгчийн үзүүртэй
Хоёр юм чинь юу вэ? гэхэд
— Өлөн хөх чонын
Өр зүрхийг хатгах
35 Алаг эрээн барын
Амин голыг таслах
Гань галзуу хүчтэй
Ган жад байна гэж
Ухна ишиг ууртайгаар
40 Урагш давшлан хэлжээ
Араатан бар айж
Алхам хойшоо ухраад:
Эрүүн доор тань
Энгүй ихээр сагсайсан
45 Энэ юу вэ? гэж
Эрхэм сахлы нь асуув.
Араатан барыг идэхдээ
Ам хамраа арчих
Хөх чоныг идэхдээ

pour nettoyer ma langue et mes dents,
de la graisse et de la crasse,
j'ai ce mouchoir de soie! dit
sire bouc en colère,
et il fit un pas en avant.

Le tigre ravisseur, effrayé,
fit un pas en arrière.
- A ton entrejambes,
ce qui pend là, qu'est-ce? dit le tigre,
du bouc calme, expérimenté,

montrant le bas-ventre.
- Du lion et du tigre, des deux,
pour me repaître de la chair maigre;
du loup bleu,
pour goûter la chair non grasse;

pour m'enivrer puissamment,
ce sont mes oignons et mon sel! dit
sire bouc en colère;
et il fit un pas en avant.
Le tigre,de toutes ses forces,de la montagne
s'enfuit, le sot.

Au milieu de la forêt épaisse,
il rencontra la louve:
- Sire tigre, comment va?
Où courez-vous comme un fou? dit

l'interrogeant,la louve bleue.
Le tigre robuste s'arrête,
narre avec force développements
la puissance du bouc.
Plissant les yeux,

clignant des yeux,la louve bleue,
hour hour éclate de rire,
her her tousse de rire.
- Vous! grand sire tigre! vous
avez peur d'un petit bouc?

En commençant par la grande soeur,les cadets
jusqu'au père, jusqu'à la mère,
moi en personne, je les attrape,
je les mets en morceaux dans ma gueule!
Allons tous deux l'attraper, celui-là!

Nous en ferons notre repas! dit(la louve).
- Le maître des montagnes boisées
va haineusement nous dévorer!
Devenir maîtresse des forêts,
louve bleue,est-ce là ton voeu? dit(le tigre)

- Pas du tout, sire tigre!
Pour dire vrai,
si vous n'êtes pas convaincu
de votre force démesurée,
avec des badines dures, résistantes,

nous unirons nos nuques épaisses,
irons trouver ce petit bouc,
pour le déchirer, le dévorer! dit(la louve).

50 Хэл шүдээ зүлгэх
Тос хир болдоггүй
Торгон алчуур гэж
Ухна гуай ууртай
Урагш давшлан хэлжээ
55 Араатан бар айж
Алхам хойшоо ухраад:
— Салтаан доор тань
Санжсан тэр юу вэ? гэж
Хэнэггүй хашир ухны
60 Хэвлий доогуур заажээ
— Арслан барс хоёрын
Алаг маханд түрхэх
Болдоггүй хөх чоныг
Бор махыг амтлах
65 Согтоох хүч ихтэй
Сонгино давс гээд
Ухна гуай ууртай
Урагш давшлан хэлжээ
Уулаас хүчтэй барын
70 Ухаангүй гүйж явахад
Өтгөн ойн дунд
Өлөгчин чоно учрав
— Бар гуай та яав?
Бачимдаж юундаа гүйв? гэж
75 Хөх чоныг асуухад
Хүчирхэг бар зогсож
Ухна ишигний сүрийг
Улам мандуулж хэлэв.
Жаравгар хөх чоно
80 Жартгар нүдээ онийлгон
Хүр хүр инээж
Хэр хэр ханиагаад,
— Их бар гуай та
Ишигнээс айсан хэрэг үү?
85 Эгч дүүгээс нь эхлээд
Эцэг эхий нь хүртэл
Анжгай бөөвөө нь барьж
Амтат зууш болгосон юм
Хоёулаа түүнийг барьж
90 Хоол болгоё гэв.
— Хангайн эзэн намайг
Хартай дайсанд идүүлж
Хөвчийн эзэн болохыг
Хөх чоно чи хүсэв үү гэхэд
95 — Үгүй, бар гуай минь
Үнэнээ би хэллээ
Ижилгүй хүчтэн та
Итгэж үнэмшихгүй байвал
Бөх бат торлогоор
100 Бүдүүн хүзүүгээ холбоод
Ухна ишигнд очиж
Урж идье гэжээ

Le tigre, à contre-coeur, dit - D'accord!
En silence, avec des baguettes de saule,

ils lièrent leurs deux cous ensemble, et
se dirigèrent vers le bouc lointain.
Le petit bouc rusé,
dès qu'il vit la louve de malheur,
comprit ses mauvaises intentions,et

faisant appel à son esprit supérieur:
- Tu tombes bien!
Tu m'amènes le tigre ravisseur,
bon mets pour ma fine gueule!
En as-tu fait serment?

Ce tien exploit, moi,
absolument, je l'apprécie, et, te voyant,
je ne t'arracherai pas la vie?
Excuse-toi! demande grâce! dit le bouc
arrogant, donnant des coups de corne,

soudain, d'en haut, se précipitant.
Le puissant tigre s'affola;
usant de toutes ses forces,
il traîna la louve attachée,
courant, effréné, follement,

le sauvage tigre rayé.
Il traversa sept ravins,
puis, reprenant ses esprits,
il regarda sa camarade attachée à lui,
qui découvrit les dents,

étranglée.
Et le tigre,la voyant:
- Tu ris encore?
A toi de rire, avec ton nez plat!
Alors, à moi de tousser! dit-il.

Et,s'enflammant de fureur,
gonflant ses poumons d'orgueil,
traînant la louve bleue épuisée,
il creva.
Après sa rencontre avec tigre et louve,

le valeureux petit bouc,
ayant écrasé ses ennemis,
lança un large cri, et
dans les steppes,les monts boisés,son pays,
il mena une vie heureuse,oisive,paisible.

(Altan mengen, p 58-63)

Бар дургүй зөвшөөрч
Бургас дуугай хугалж
105 Хоёр хүзүүгээ холбоод
Холын ухныг зорив
Ухна ишиг залилж
Уршигт чоныг үзэнгүүтээ
Муухай санаагий нь мэдээд
110 Мундаг ухаан гаргаж:
— Ашгүй чи сайн уу?
Араатан барыг авчирч
Аманд минь хийх
Андгай үгэндээ хүрэв үү?
115 Энэ гавьяаг чинь би
Эрхбиш, үнэлж үзээд
Улаан голы чинь таслалгүй
Уучлал өршөөл үзүүлье! гээд
Гэдгэр эврээ сэжлэн
120 Гэнэт өөдөөс нь гүйхэд
Хүчит бар сандарч
Хамаг чадлаа гаргаж
Уяатай чоноо чирэн
Ухаан жолоогүй зугтав
125 Догшин эрээн бар
Долоон даваа даваад
Ухаан мэдээ орж
Уяатай «нөхрөө» харахад
Араа шүд нь ярзайж
130 Амьсгал хоолой боогджээ.
Бар түүнийг үзээд
Бас чи инээнэ үү?
Нармигар чамд инээдэм
Надад бол ханиадам! гэж
135 Уур хилэн нь бадарч
Уушиг зүрх нь сагсайж
Гуринхи хөх чоныг
Гулдарч чирээд талийв.
Барс чонотой учирсан
140 Баатар ухна ишиг
Өст дайснаа дарж
Өргөн цолыг олоод
Тал хангай нутагтаа
Тайван танхай жаргажээ.

122

II. NANJ LE RUSÉ

Jadis, il y avait un nommé Nanj le rusé. Il n'avait jamais vu la ville nommée
Biarut. Un jour, il dit:

- Aujourd 'hui , je vais aller voir la ville de Biarut.   Sa femme dit:

- Si tu pars aujourd'hui, c'est un peu ennuyeux; si tu pars demain, c'est mieux.

Mais Nanj le rusé, n'en faisant qu'à sa tête, part aussitôt. En chemin, il
rencontre un ministre aux pensers blancs, lui demande son chemin. Le ministre dit:

- Tu es parti pour voir une ville que tu n'as pas encore vue. Avec une peau de
chèvre, fais—moi trente manteaux de peau à poil en dedans et quarante bottes.

Nanj le rusé, sans dire ni oui ni non, continue son chemin. Alors, beaucoup
plus loin, il rencontre un ministre aux noirs pensers. Nanj le rusé lui demande
son chemin. Le ministre aux noirs pensers lui dit:

- Tu es parti pour voir une ville que tu n'as pas encore vue. Fais—moi quarante
bottes et quarante éperons avec une peau de vache!   lui ordonne-t-il.

Nanj le rusé ne dit ni oui ni non. Alors, sans poursuivre plus avant, il retourne chez lui.

Le lendemain matin, Nanj le rusé repart pour voir la ville de Biarut. Ce
même jour, le ministre aux blancs pensers va chez Nanj le rusé. Il demande:

- Nanj le rusé , où est-il?   L'épouse dit:

- Descendu du poulain d'une jument qui n'a pas enfanté, par une pluie qui n'est
pas tombée; une fois revenu, ayant pris une gaule à noeud coulant dans un bosquet
qui n'a pas poussé, il est venu et parti.

Le ministre aux blancs pensers dit:

- Quelles paroles profères-tu là?   L'épouse dit:

- Et vous! quelles paroles avez-vous dites à mon Nanj le rusé?

Alors le ministre sort, part brusquement, sans mot dire.

Le ministre aux noirs pensers, à son tour, arrive là et dit:

- Nanj le rusé, où est-il?   L'épouse répond:

- Il est allé ramasser du bois de chauffage dans des buissons qui n'ont pas poussé;
ayant attelé à une charrette sans joug un boeuf sans cou, à l'aide d'une hache
sans manche, il est allé prendre du bois.

Alors, le ministre aux noirs pensers dit:

- Quelles paroles profères-tu là?

L'épouse dit:

- Et vous! quelles paroles avez-vous dites hier à mon Nanj le rusé?

Alors, le ministre sort, part brusquement, sans mot dire.

124

Les deux ministres vont donc trouver le khan, lui disent:
- Notre khan! l'épouse de Nanj le rusé est une femme sage en paroles et rusée en affaires. Si vous en faisiez notre princesse, ce serait idéal!
   Alors, le khan dit:
- Il ne faut pas! c'est la femme d'autrui!   Mais les ministres:
- Allons donc! prenez-la! qu'est-ce que cela peut faire?
   Le khan :
- Si c'est permis, eh! bien soit! Mais je m'en lave les mains. Prenez-la et donnez la moi!   Les ministres:
- Faites convoquer Nanj le rusé demain matin au lever du soleil; qu'il vienne ici en vous apportant une tasse de thé bouillant! Alors, que pourra-t-il faire? Quand il s'en retournera,nous le frapperons tous deux, et nous le tuerons!
   Suivant le conseil des deux ministres, le khan fait convoquer Nanj le rusé:
- Qu'il m'apporte demain à l'aube une tasse de thé, sans le laisser refroidir!
   Nanj le rusé, une fois rentré chez lui, raconte cela à sa femme. Celle-ci le retient trois jours à la maison, fabrique un chapeau, un manteau et des bottes. Alors, elle fait bouillir du thé, le met dans une théière, donne la théière à son mari, avec ces mots:
- Arrivé devant le khan, tu fouleras le pan de ton propre manteau,   te prosternant, tu diras ceci:
- Le premier jour de mon départ, un loup gris a pris un mouton bleu. La meilleure part de ce gibier, prends-la : c'est mon chapeau. Le deuxième jour de mon départ, un milan a pris un petit oiseau gris-bleu; un aigle brun bigarré l'a saisi violemment. La meilleure part de ce gibier là, ce manteau, prends-le. Le troisième jour de mon départ, le poisson tul a attrapé le poisson tsulbuur ; le brochet l'a saisi violemment. La meilleure part de ce gibier : ces bottes, prends-les!
Alors, verse-lui une tasse de thé, et offre-la lui!"
   Voilà ce que prescrit l'épouse de Nanj le rusé à son mari.

   Quand Nanj le rusé arriva devant le khan, celui-ci lui dit:
- Pourquoi as-tu trois jours de retard?
   Alors, Nanj le rusé dit au khan ce que son épouse lui avait prescrit de dire, puis, verse la tasse de thé, l'offre au khan.
   Comme il s'en retournait, le khan convoque les deux ministres et leur dit:
- Vous! écoutez! dans les paroles de Nanj , "celle qui est attrapée " c'est sa propre épouse. Celui qui "saisit violemment", c'est moi! Je vous avais dit que je ne voulais pas y toucher ni me salir les mains! Alors?
   Ayant dit, il fait châtier les deux venimeux ministres, et fait de Nanj le rusé son ministre de droite, et tous furent très heureux.

Altan mengen , p 35-39

III. Les sept chauves et le petit chauve trapu

Jadis, quand ça commençait bien et finissait mal, il y avait, dit-on, sept chauves et un petit chauve trapu. Les sept chauves avaient sept mères, sept veaux noirs d'un an, et sept charettes de bois. Alors, quand ces sept chauves rencontraient le petit chauve, ils le raillaient ainsi:

- Nous, on est sept! toi! tu es tout seul!

Le petit chauve, alors, répondait ces paroles étonnantes:

- Moi, sans doute, je n'ai qu'une mère, qu'un seul veau noir d'un an, et qu'une seule charette de bois! mais je suis capable de penser, imaginer, faire ce qui vous est impensable, inimaginable, infaisable!

Alors, les sept chauves malveillants brûlèrent l'unique charette du petit chauve. Celui-ci pensa: " Espèces de sots! vous vous croyez de taille à m'affronter! Desséchez-vous! êtres aux mauvais desseins! chauves-souris, desséchez-vous au soleil! glissez-vous au dehors, mauvais pensers des sept chauves!"

Le petit chauve mit dans un sac les charbons de sa voiture brûlée, s'approcha du palais du khan. Les deux enfants gâtés du khan le suivaient et lui demandaient ce qu'il avait dans son sac, le bassinant avec leurs questions. Le petit chauve répondit:

- Si on le voit, cela devient aussitôt cendre; si on le regarde, cela devient aussitôt charbon!

Les deux princes appelèrent un ministre, lui disant qu'un petit chauve portait sur son dos une chose merveilleuse. Le ministre se laissa entraîner. Le petit chauve dit:

- Si on le regarde, cela devient aussitôt charbon; si on le voit, cela devient aussitôt cendre.

Le ministre dit:

- S'il en est ainsi, je remplis d'or ta besace.

Alors le petit chauve délaça sa besace. Les enfants et le ministre n'y virent que du charbon. Le ministre donna, comme convenu, au petit chauve de l'or plein sa besace. Quand le petit chauve revint chez lui au village avec tout cet or sur le dos, les sept chauves lui demandèrent où il avait trouvé tant d'or. Il dit:

- C'est le charbon de bois de ma charette. Le khan me l'a acheté contre cet or. Vous avez brûlé ma charette. Grand bien m'en fit.

Alors, les sept chauves brûlèrent leurs sept charettes de bois, en mirent les charbons dans sept besaces, les portèrent sur leur dos, allant trouver le khan. Celui-ci dit:

- Du charbon noir! qu'en ai-je à faire? Ces sept chauves persiflent leur souverain. Qu'on les châtie!

Il les envoya se faire taper dessus, au point que les gourdins et les étrivières en devinrent tout courbés et tordus.

Les sept chauves, pris d'un désir cuisant de se venger, allèrent tuer, du petit chauve trapu, le veau d'un an, dit-on. Le petit chauve trouva une ruse. Il remplit de sang l'intestin du veau mort, et l'emporta jusqu'à la région du lac Xujirt. Venant du nord-ouest, arrivèrent sept chameaux blancs et chauves. Notre petit chauve trapu, prenant chacun de ces sept chameaux, leur barbouilla le crâne du sang contenu dans l'intestin du veau. Leur calvitie rougeoya. Alors, comme notre chauve se reposait assis, vint un homme à cheval:

- Avez-vous vu sept chameaux à calvitie blanche? demanda-t-il.
- Je n'ai pas vu sept chameaux à clavitie blanche, mais sept chameaux à calvitie rouge. Ils sont partis par là! dit le petit chauve. L'homme était ahuri.Il dit:
- Ce sont les miens! mais ils devraient avoir une calvitie blanche.
- Ce sont des calvities rouges! alors! quoi! dit le petit chauve. Le maître des chameaux   dit:
- Dans ce cas, ils sont à toi! Mais les chameaux à calvitie blanche sont à moi!

Et il partit en avant, trouva les sept chameaux; mais comme tous les sept avaient une calvitie rouge, le petit chauve les garda pour lui.

Quand il retourna au village, les sept chauves arrivèrent, s'enquirent du procédé qu'il avait employé pour obtenir des chameaux. Le petit chauve dit:
- La chair de mon veau m'a rapporté cher. Vous l'avez tué : eh bien! cela m'a beaucoup servi! Vous sept, toujours, vous vous mettez en quatre pour me rendre service! La merde et le sang du veau mort, je les ai portés au khan, qui m'a donné en échange ces sept chameaux.

Alors, les sept chauves tuèrent leurs sept veaux d'un an, allèrent en porter les sept merdes et sang au khan. Pour la même raison que précédemment, ils se firent rouer de coups et bannir. Alors, les sept chauves, détestant encore plus le petit chauve trapu, voulurent le trucider.

De son côté, le petit chauve trapu, il chargea la momie de sa mère sur un chameau, l'accompagna sur un autre chameau, alla du côté du palais du khan, jusqu'au moment où le chien du khan s'amena à toute vitesse, le chameau portant la momie rua de peur, la mère tomba à terre. Le petit chauve alla se plaindre au khan:
- Votre chien a fait, de peur, ruer mon chameau, et ma mère en a perdu la vie!

Le khan l'envoya à la fontaine qui reconstitue les épuisés, ressuscita la morte renvoya le petit chauve chez lui avec une grande fortune et sa mère vivante.

Alors, les sept chauves se renseignèrent encore sur la source de sa fortune. Le petit chauve trapu dit:

- J'ai eu de la chance : le khan de l'eau, je l'ai rencontré alors qu'il était en train de partager ses biens propres. Allez vite! une fois arrivés dans le pays du khan, regardez l'eau! Vous verrez dans l'eau une image pareille à vous sept. Ce seront nécessairement les envoyés spéciaux du khan de l'eau qui vous attendent. Alors, regardez bien l'eau, et si vous y entrez, le khan de l'eau vous donnera ses biens propres.

Les sept chauves suivirent le conseil, bondirent dans l'eau, et nécessairement moururent, dit-on.

Altan mengen, p. 25-29 : Doloon xodjgor, neg modjgor

Note. Dans le conte II, le poisson <u>tul</u> est le Hucho taimen , un poisson au ventre blanc, comme l'indique le lexique de zoologie de l'Académie des sciences de Mongolie (I974), p. 122. 白肚鳟鱼 . 太门哲罗鱼
Le poisson tsulbuur n'est pas identifié.

Comme l'indique le tableau suivant, le conte III est bien structuré:

	un mal ⟶	un bien pour le p.c.
I	7 chauves brûlent charrette → du p.c. un mal { brûlent leurs 7 charrettes se font battre	→petit chauve gagne de l'or ←⏐
II	7 chauves tuent veau du p.c. → un mal { tuent leurs 7 veaux se font battre et bannir	→p.c. gagne 7 chameaux ←⏐
III	7 chauves veulent tuer le p.c. - → un mal: se noient	→p.c. gagne une grande fortune ←⏐

Constatant que le mal qu'ils ont fait au petit chauve trapu (brûler sa charrette, tuer son petit veau), résultait en un bien pour leur victime, les sept chauves se font à eux-mêmes le même mal (ils brûlent leurs propres charrettes, tuent leurs propres veaux), mais il en résulte pour eux un mal encore pire. Dans le troisième épisode, les sept chauves n'ont même pas le temps de mettre à exécution leur projet de meurtre; leur adversaire les prend de court et les mène au suicide.